人口结构与经济增长
——基于人口老龄化视角下的研究

Population Structure and Economic Growth
—Research on the Perspective of Population Aging

巩勋洲 著

经济管理出版社
ECONOMY & MANAGEMENT PUBLISHING HOUSE

图书在版编目（CIP）数据

人口结构与经济增长：基于人口老龄化视角下的研究/巩勋洲著. —北京：经济管理出版社，2015.12

ISBN 978-7-5096-4106-4

Ⅰ.①人… Ⅱ.①巩… Ⅲ.①人口构成—关系—经济增长—研究—中国

Ⅳ.①C924.24 ②F124

中国版本图书馆 CIP 数据核字（2015）第 292690 号

组稿编辑：宋　娜
责任编辑：张　艳　赵喜勤
责任印制：黄章平
责任校对：赵天宇

出版发行：经济管理出版社
　　　　　（北京市海淀区北蜂窝 8 号中雅大厦 A 座 11 层　100038）
网　　　址：www. E-mp. com. cn
电　　　话：(010) 51915602
印　　　刷：三河市延风印装有限公司
经　　　销：新华书店
开　　　本：720mm×1000mm/16
印　　　张：11.25
字　　　数：184 千字
版　　　次：2015 年 12 月第 1 版　　2015 年 12 月第 1 次印刷
书　　　号：ISBN 978-7-5096-4106-4
定　　　价：98.00 元

第四批《中国社会科学博士后文库》编委会及编辑部成员名单

（一）编委会

主　任：张　江

副主任：马　援　张冠梓　俞家栋　夏文峰

秘书长：张国春　邱春雷　刘连军

成　员（按姓氏笔画排序）：

卜宪群　方　勇　王　巍　王利明　王国刚　王建朗　邓纯东
史　丹　刘　伟　刘丹青　孙壮志　朱光磊　吴白乙　吴振武
张车伟　张世贤　张宇燕　张伯里　张星星　张顺洪　李　平
李　林　李　薇　李永全　李汉林　李向阳　李国强　杨　光
杨　忠　陆建德　陈众议　陈泽宪　陈春声　卓新平　房　宁
罗卫东　郑秉文　赵天晓　赵剑英　高培勇　曹卫东　曹宏举
黄　平　朝戈金　谢地坤　谢红星　谢寿光　谢维和　裴长洪
潘家华　冀祥德　魏后凯

（二）编辑部（按姓氏笔画排序）：

主　任：张国春（兼）

副主任：刘丹华　曲建君　李晓琳　陈　颖　薛万里

成　员（按姓氏笔画排序）：

王　芳　王　琪　刘　杰　孙大伟　宋　娜　苑淑娅　姚冬梅
郝　丽　梅　枚　章　瑾

序 言

2015 年是我国实施博士后制度 30 周年，也是我国哲学社会科学领域实施博士后制度的第 23 个年头。

30 年来，在党中央国务院的正确领导下，我国博士后事业在探索中不断开拓前进，取得了非常显著的工作成绩。博士后制度的实施，培养出了一大批精力充沛、思维活跃、问题意识敏锐、学术功底扎实的高层次人才。目前，博士后群体已成为国家创新型人才中的一支骨干力量，为经济社会发展和科学技术进步作出了独特贡献。在哲学社会科学领域实施博士后制度，已成为培养各学科领域高端后备人才的重要途径，对于加强哲学社会科学人才队伍建设、繁荣发展哲学社会科学事业发挥了重要作用。20 多年来，一批又一批博士后成为我国哲学社会科学研究和教学单位的骨干人才和领军人物。

中国社会科学院作为党中央直接领导的国家哲学社会科学研究机构，在社会科学博士后工作方面承担着特殊责任，理应走在全国前列。为充分展示我国哲学社会科学领域博士后工作成果，推动中国博士后事业进一步繁荣发展，中国社会科学院和全国博士后管理委员会在 2012 年推出了《中国社会科学博士后文库》（以下简称《文库》），迄今已出版四批共 151 部博士后优秀著作。为支持《文库》的出版，中国社会科学院已累计投入资金 820 余万元，人力资源和社会保障部与中国博士后科学基金会累计投入 160 万元。实践证明，《文库》已成为集中、系统、全面反映我国哲学社会科学博士后优秀成果的高端学术平台，为调动哲学社会科学博士后的积极性和创造力、扩大哲学社会科学博士后的学术影响力和社会影响力发挥了重要作用。中国社会科学院和全国博士后管理委员会将共同努力，继续编辑出版好《文库》，进一步提高《文库》的学术水准和社会效益，使之成为学术出版界的知名品牌。

哲学社会科学是人类知识体系中不可或缺的重要组成部分，是人们认识世界、改造世界的重要工具，是推动历史发展和社会进步的重要力量。建设中国特色社会主义的伟大事业，离不开以马克思主义为指导的哲学社会科学的繁荣发展。而哲学社会科学的繁荣发展关键在人，在人才，在一批又一批具有深厚知识基础和较强创新能力的高层次人才。广大哲学社会科学博士后要充分认识到自身所肩负的责任和使命，通过自己扎扎实实的创造性工作，努力成为国家创新型人才中名副其实的一支骨干力量。为此，必须做到：

第一，始终坚持正确的政治方向和学术导向。马克思主义是科学的世界观和方法论，是当代中国的主流意识形态，是我们立党立国的根本指导思想，也是我国哲学社会科学的灵魂所在。哲学社会科学博士后要自觉担负起巩固和发展马克思主义指导地位的神圣使命，把马克思主义的立场、观点、方法贯穿到具体的研究工作中，用发展着的马克思主义指导哲学社会科学。要认真学习马克思主义基本原理、中国特色社会主义理论体系和习近平总书记系列重要讲话精神，在思想上、政治上、行动上与党中央保持高度一致。在涉及党的基本理论、基本路线和重大原则、重要方针政策问题上，要立场坚定、观点鲜明、态度坚决，积极传播正面声音，正确引领社会思潮。

第二，始终坚持站在党和人民立场上做学问。为什么人的问题，是马克思主义唯物史观的核心问题，是哲学社会科学研究的根本性、方向性、原则性问题。解决哲学社会科学为什么人的问题，说到底就是要解决哲学社会科学工作者为什么人从事学术研究的问题。哲学社会科学博士后要牢固树立人民至上的价值观、人民是真正英雄的历史观，始终把人民的根本利益放在首位，把拿出让党和人民满意的科研成果放在首位，坚持为人民做学问，做实学问、做好学问、做真学问，为人民拿笔杆子，为人民鼓与呼，为人民谋利益，切实发挥好党和人民事业的思想库作用。这是我国哲学社会科学工作者，包括广大哲学社会科学博士后的神圣职责，也是实现哲学社会科学价值的必然途径。

第三，始终坚持以党和国家关注的重大理论和现实问题为科研主攻方向。哲学社会科学只有在对时代问题、重大理论和现实问题的深入分析和探索中才能不断向前发展。哲学社会科学博士后要根据时代和实践发展要求，运用马克思主义这个望远镜和显微镜，增强辩证思维、创新思维能力，善于发现问题、分析问题，积极推动解决问题。要深入研究党和国家面临的一系列亟待回答和解决的重大理论和现实问题，经济社会发展中的全局性、前瞻性、战略性问题，干部群众普遍关注的热点、焦点、难点问题，以高质量的科学研究成果，更好地为党和国家的决策服务，为全面建成小康社会服务，为实现"两个一百年"奋斗目标和中华民族伟大复兴中国梦服务。

第四，始终坚持弘扬理论联系实际的优良学风。实践是理论研究的不竭源泉，是检验真理和价值的唯一标准。离开了实践，理论研究就成为无源之水、无本之木。哲学社会科学研究只有同经济社会发展的要求、丰富多彩的生活和人民群众的实践紧密结合起来，才能具有强大的生命力，才能实现自身的社会价值。哲学社会科学博士后要大力弘扬理论联系实际的优良学风，立足当代、立足国情，深入基层、深入群众，坚持从人民群众的生产和生活中，从人民群众建设中国特色社会主义的伟大实践中，汲取智慧和营养，把是否符合、是否有利于人民群众根本利益作为衡量和检验哲学社会科学研究工作的第一标准。要经常用人民群众这面镜子照照自己，匡正自己的人生追求和价值选择，校验自己的责任态度，衡量自己的职业精神。

第五，始终坚持推动理论体系和话语体系创新。党的十八届五中全会明确提出不断推进理论创新、制度创新、科技创新、文化创新等各方面创新的艰巨任务。必须充分认识到，推进理论创新、文化创新，哲学社会科学责无旁贷；推进制度创新、科技创新等各方面的创新，同样需要哲学社会科学提供有效的智力支撑。哲学社会科学博士后要努力推动学科体系、学术观点、科研方法创新，为构建中国特色、中国风格、中国气派的哲学社会科学创新体系作出贡献。要积极投身到党和国家创新洪流中去，深入开展探索性创新研究，不断向未知领域进军，勇攀学术高峰。要大力推进学术话语体系创新，力求厚积薄发、深入浅出、语言朴实、文风清新，力戒言之无物、故作高深、食洋不化、食古不化，不断增强我国学术话语体系的说服力、感染力、影响力。

"长风破浪会有时，直挂云帆济沧海。"当前，世界正处于前所未有的激烈变动之中，我国即将进入全面建成小康社会的决胜阶段。这既为哲学社会科学的繁荣发展提供了广阔空间，也为哲学社会科学界提供了大有作为的重要舞台。衷心希望广大哲学社会科学博士后能够自觉把自己的研究工作与党和人民的事业紧密联系在一起，把个人的前途命运与党和国家的前途命运紧密联系在一起，与时代共奋进、与国家共荣辱、与人民共呼吸，努力成为忠诚服务于党和人民事业、值得党和人民信赖的学问家。

是为序。

张江

中国社会科学院副院长

中国社会科学院博士后管理委员会主任

2015 年 12 月 1 日

摘　要

　　居民的经济行为在其生命周期的不同阶段有不同的表现。综合这些经济行为，一个国家人口年龄结构的改变对经济增长有很重要的影响。人口老龄化是世界上很多国家都要经历的，其减少了劳动力供给，给经济发展带来了很大的挑战。但是，很多研究表明，人口结构改变和经济增长之间的关系并不是确定的。年轻化的人口结构未必推动经济增长，而老龄化的人口结构也未必导致经济增长速度放缓。

　　本书研究的主题是在人口老龄化背景下经济能否实现持续增长。两个人口红利的充分利用可以积累大量的社会财富，有效劳动力数量的减少以及社会财富的增加可以使人均资本维持在一个较高的水平。本书在新古典经济增长理论框架下，分析了老龄化对相关经济变量的影响。论证了储蓄率的下降如果可以促使人力资本水平的提高，并且在满足一定数量替代关系的前提下，经济可以实现持续增长。本书运用理论模型对消费者行为和厂商行为进行了局部均衡分析，描绘出老龄化下消费和资本的变化路径。研究结果显示，资本存量的边际收益等于社会消费的时间偏好率减去技术进步率。老龄化促使消费的时间偏好率提高，当技术进步的提高程度能追平甚至超过时间偏好率提高的程度时，经济中的资本存量就不会减少而是向黄金资本存量靠拢，经济增长就是可以持续的。

　　在人口结构转变的过程中，日本的经济、文化和社会也在发生着变化。日本较低的失业率其实并不意味着日本的劳动力得到了充分利用。退休年龄早于西方发达国家的政策可能是日本寻找新的劳动力供给的突破点。日本的社会保障体系在经济的快速发展下不断完善和发展，全民的养老和医疗保障的确让日本的年轻人和政府承担着不小的压力，然而日本政府也在积极探索一条既能减轻年轻人负担又能解决老年人养老问题的道路。富有的老年人其实并没有因为养老问题给家庭带来负担，相反，他们为孩子甚至孙子提供着资金支持。这些老年人对于家庭转移计划其实并不在意。日本的老年人拥有很多财富并且接受过良好的教育，而这些都可能是未来日本经济发展的金融资源和人力资源。日本宏观经济虽然经历了低迷的时期，但是其经济表现仍然是发达国家中最好的。过去20多年稳定的储蓄率和投资率使得日本的经济表现仍然十分抢眼。国内的高储蓄在满足国内投资之后，逐渐增加的海外投资使得日本获得了丰厚的投资收益。日本分享着经济全球化和一体化带来的巨大益处，这将有助于日本的储蓄维持在一个较高的水平，并且这一趋势在未来将会继续保持下去。至此，可以判断，人口老龄化下日本经济存在持续增长的可能性。

本书对纳入人口结构的中国居民消费函数理论进行了探索性的研究。该研究是对本书建立的理论模型的一个运用。研究基于以下思路：首先，推导出代表性消费者的消费函数；其次，运用人口稳定理论得出某一具体时刻某一年龄消费者的数量；最后，将消费函数与人口数量相结合，以年龄为变量进行加总，推导出纳入人口结构的中国居民消费函数。运用中国1993~2013年的时间序列数据对中国居民消费函数进行了检验，观察城镇居民实际物质财富、城镇居民实际可支配收入、65岁及以上老年人口比重、基本养老保险基金实际收入四个因素对城镇居民实际消费的影响。

结果显示，城镇居民实际消费对城镇居民实际可支配收入的弹性较高，实际可支配收入每提高1个百分点，实际消费上升1.0817个百分点。实际消费与65岁及以上老年人口比重呈负向关系，老年人口比重每上升1%，实际消费下降0.9063%。居民实际物质财富和基本养老保险基金实际收入对居民实际消费没有影响。格兰杰检验发现，65岁及以上老年人口比重变化不会影响居民实际财富的变化。因此，老龄化会引起储蓄减少、消费增加的传统观点是需要进一步推敲的。

　　本书采用了假设—演绎的研究方法。提出的假设是人口老龄化背景下经济存在持续增长的可能性。通过理论推导和实证分析，证明了这一假设是正确的。在理论推导过程中，本书运用了最优控制和动态规划的动态经济学方法。

　　最后，本书针对中国应对未来的老龄化问题提出了政策建议。第一，充分利用现有的人口红利，实现社会财富快速积累；第二，对中国分立的社会保障制度进行改革，逐步向统一的社会保障制度过渡；第三，加大教育、培训等人力资本投入，提高技术进步水平；第四，加快城市化进程，减少劳动力流动障碍。

　　关键词：人口老龄化　人口红利　人力资本　技术进步　经济增长

Abstract

The feature of household's economic behavior is different on each stage in his life-cycle. By analyzed these economic behavior, we find that changes of population age structure have important influence on economic growth. Most countries in the world will experience population aging process, which reduces the supply of effective labors and challenges the economy growth. But, many researches showed that there is not certain relationship between changes of population structure and economic growth. The young age-structure does not necessarily promote economic growth, and the old age-structure does not certainly make it slow down.

The subject of this doctoral dissertation is whether or not an economy can realize sustainable growth on the background of population aging. If the two demographic dividends can be exploited adequately, abundant social wealth will be accumulated. Decrease of effective labors and increase of social wealth can make capital per capita maintain at a high level. This dissertation analyzes influence of population aging on economic relevant variables in the framework of neoclassical economic growth theory. We demonstrate that an economy can realize sustainable growth on condition that the decline of savings ratio can improve human capital, and some trade-off quantity relation can be satisfied at the same time. We carry out partial equilibrium on consumer's behavior and firm's behavior, and depict dynamic route of consumption and capital. The result tells us that marginal return of capital is equivalent to the rate of time preference minus technology progress. The variation of the rate of time preference represents the degree of population aging. When the level of advancement of technology progress can catch up with even exceed the rate of time preference, capital stock will not decrease, but approach modified gold capital stock gradually. Therefore, economic growth can be sustained.

In the process of demographic transition, Japan's economy, culture and society are changing. Japan's low unemployment rate does not mean that labor has been fully utilized. The policy of retirement age is earlier than the western developed country may be the breakthrough point of Japan to seeking the new labor supply. Japan's social security system in the rapid development of the economy, the national pension and medical insurance is indeed to let the young people and the government to take the pressure. However, the Japanese government also actively explores a way to reduce the burden on young people and can solve the problem of old age pension. The wealthy old people actually did not have the burden to the family because of the pension; instead, they provided the fund support to the children and even grandchildren. These old people do not care about the family transfer plan. Japan's elderly people have a lot of wealth and receive a good education, and these are likely to be the future of human resources and financial resources in Japan's economic development. Japan's macro economy has experienced a downturn, but its economic performance is still the best in the developed countries. Over the past two decades, the stability of the savings rate and investment rate has made Japan's economic performance is still very eye-catching. After the domestic high savings to meet domestic investment, gradually increasing overseas investment makes Japan got a huge investment income. Japan shares the huge benefits of economic globalization and integration. This will help keep the Japanese savings in a relatively high level, and this trend will continue in the future. At this point, we can determine the possibility of the existence of a sustained growth of the economy in Japan under the aging of the population.

We tentatively explore a research on consumption function of Chinese households considering population structure, which is an application of theoretical model of Chapter Ⅳ. The research is based on the following steps: firstly, we deduce consumption function of representative consumer. Secondly, we use population stable theory to get the population quantity of specific age on specific time. Thirdly, we combine consumption function with population structure, and deduce the aggragate consumption function with age structure variable. Using the time series data of 1993 –2013 in China, the consumption function of Chinese residents was tested. It gets observation effect of the actual material wealth of urban residents, urban residents can be disposable income, 65 and the proportion of the elderly population, the actual income of the basic pension insurance fund on the actual consumption of urban residents.

The results show that the actual consumption of urban residents to urban residents' actual disposable income elasticity is high, the actual disposable income increased by 1 percentage points, the actual consumption rose by 1.0817 percentage points. The actual consumption and the proportion of the elderly population aged 65 years and older, the proportion of the elderly population increased by 1%, the actual consumption fell by 0.9063%. The actual material wealth and the basic pension funds have no effect on the actual consumption of residents. Actual material wealth and the actual income of the basic pension insurance fund are not significant. Granger causality test found that the proportion of the population aged 65 years and older will not affect the actual changes in the wealth of the residents. Therefore, the view that population aging will make savings drop and consumption rise need to be deserved further research.

The dissertation applies Hypothetico−deductive method and proposes the assumption that sustainable economic growth can be realized on the backdrop of population aging. This assumption is proved to correct through theoretical deduction and empirical analysis. Theoretical deduction takes advantage of dynamic economics method including optimal control theory and dynamic programming.

Finally, we put forward some policy suggestions as responses to future population aging in China. Firstly, in order to realize rapid accumulation of social wealth, the current demographic dividend should be exploited. Secondly, Chinese social security reform should be transit from separate to unitive. Thirdly, technology progress should be improved by increasing investment on human capital such as education and training. Fourthly, it should eliminate the obstacle of labors flow and speed up the urbanization.

Key Words: Population Aging; Demographic Dividend; Human Capital; Technology Progress; Economic Growth

目　录

Contents

第一章 导 论

第一节 问题提出

进入 21 世纪以来，人口老龄化受到越来越多国家的高度关注。毫无疑问，以日本为代表的很多国家都将渐次步入老龄化社会。人口老龄化使这些国家经济的持续发展面临着严峻的挑战。人口老龄化是很多国家必然要经历的，只是经历的时间、受影响的程度有所不同。通常认为，人口老龄化对于经济发展的不利影响主要体现在：第一，国内老年人口数量上升、有效劳动力数量下降，使得老年抚养比上升，社会负担加重。第二，有效劳动力数量的下降，使得国内劳动生产率下降。第三，老年人口数量的上升增加了对医疗、养老等社会保障服务的需求。社会总消费上升，总储蓄下降。第四，国内储蓄率下降，资本积累减少，最终影响到产出。

工业革命之前，马尔萨斯的《人口论》成为当时分析人口和经济增长关系的主流理论。他认为，"无论是短期还是长期，较高的出生率都意味着较低的生活水准。新增加的人口必须借助于原有土地和资本的固定供应量，才能劳动和生存。因而，人口增加就意味着每人可以得到的产品减少"。对于马尔萨斯的观点，用索洛的经济增长理论可予以证明。但是，这种证明是片面的，人口规模与经济增长之间的关系是复杂的。西蒙对马尔萨斯的理论进行了批判，他从反对零人口增长和过快人口增长的角度出发，主张人口应该保持适度规模的增长。西蒙、库兹涅茨和凯斯内对发达国家人口增长和经济增长的关系进行了检验，检验结果显示，这些国家的人口增长和经济增长并无相关关系。

20 世纪下半叶以来，关于人口结构和经济增长关系的争论仍在继续。

不同的专家从不同的角度观察，分析了人口结构改变对经济变量带来的影响。Coale 和 Hoover（1958）认为，生育率的提高使得社会年轻人抚养比上升，降低了总储蓄。而 Williamson（2001）驳斥了上述观点，他将人的一生分为三个时期：儿童时期、青年时期和老年时期，认为不能仅观察儿童时期对经济的影响，应该对进入劳动力市场的青年时期和退出劳动力市场的老年时期也予以关注，青年时期对于经济增长的促进作用是明显的，老年时期对经济增长的延缓作用是存在的。

很多研究对人口红利和经济增长之间的关系做了分析。很多专家认为人口红利对于经济增长的促进作用是非常明显的。他们主张增加教育投资，通过提高劳动力的健康水平来对人口红利加以更好地利用。然而，也有专家指出人口红利的出现并不必然促进经济增长。Bloom 和 Canning（2004）研究指出，经济增长与人口年龄结构并不是自动相关的。人口红利要在一定的经济、社会甚至政治条件下才能实现。当人口红利时期出现的时候，亚洲国家实现了经济起飞而拉丁美洲国家的经济却停滞了很长时间。蔡昉（2004）在关于人口红利和中国经济增长关系的研究中指出，人口转变过程是可以通过理性的政策手段加以引导的。人口政策的调整可以保持人口结构优势。积极的就业促进政策、可持续的社会保障体系和消除农村劳动力向城镇转移的制度障碍可以把人口对经济增长的促进作用最大限度地发挥出来。

人口结构改变对于经济增长的影响可能不是直接的，其往往是先引起一些中间因素的变化，进而对经济产生影响。这些因素的变化可以用储蓄和投资的变化予以概括。按照国民收入核算恒等式，国内储蓄与国内投资之差就是经常账户余额。当人口结构变动影响了国内的储蓄和投资时，经常账户余额就会发生改变，进而影响到国际收支。这些变化也激发了很多学者的研究兴趣。与此同时，关于人口老龄化对于储蓄率的影响以及人口老龄化过程中社会保障政策改革的研究也极大地丰富和充实了相关研究领域。

人口老龄化是一个兼具理论意义和政策实践意义的研究主题。诚然，人口老龄化的不利影响对于经济发展而言是一种挑战。但是，既然人口结构改变对经济增长的影响是不确定的，那么探索人口老龄化背景下经济持续增长就是可能的。通常认为，有效劳动力的下降、老年人口数量的上升，将会降低社会总储蓄、减少投资，进而影响经济增长。但是这一逻辑在理论和实证上都有待进一步验证。

本书研究的主题是论证人口老龄化背景下经济持续增长的可能性，将在考虑物质资本、人力资本积累和技术进步的新古典经济增长理论框架下，对老龄化因素引起的各经济变量的变化关系进行分析。论证在老龄化过程中，哪些经济变量对于经济增长是重要的，当这些经济变量之间满足何种数量关系时以及在何种条件下，经济仍然可以持续增长。同时，本书探索性地将人口结构因素纳入了中国居民消费函数，通过理论推导和实证检验对中国1993~2013年居民总消费的变化情况进行了分析。分析结果对于进入老龄化的中国具有很重要的理论意义和政策指导意义。

第二节 研究方法

本书采用的是假设—演绎的研究方法。这种研究方法首先是提出一个正确的问题，然后将问题背后所蕴含的经济学逻辑用数学语言演绎出来，再运用相应的数理经济学分析方法予以推导，得出结论，最后对推导得出的结论予以检验。

人口结构改变对于经济增长的影响是复杂的。年轻化的人口结构并不一定能促进经济增长，而老龄化的人口结构也未必导致经济增长放缓。本书对人口老龄化背景下经济持续增长进行的是一种探索性研究，因而提出的是一种猜想与假设。

本书提出的人口老龄化背景下经济存在持续增长的可能性这一假设是基于这样的前提：进入老龄化社会之前，有效劳动力的增长率大于有效消费者的增长率，产生了"人口红利"。在"人口红利"时期，经济迅速发展，居民收入大幅提高，社会财富快速积累。居民增加了对家庭成员的教育投资，企业加大了对员工的培训和教育力度，政府增加了对教育的预算投入，因此，国内劳动力的人力资本得到了积累。在教育、资金、劳动力素质等多重因素的综合作用下，国内生产技术水平提高，创新能力增强。当人口结构由年轻化过渡到老龄化时，由于国内有效劳动力数量下降，积累的社会财富和不断提高的人力资本使得人均资本水平提高，在技术进步的推动下，经济实现了持续增长。

诚然，老龄化因素对经济增长的负面影响是存在的，特别是对于老龄化因素造成储蓄率下降的担心是不无道理的。因此，本书要研究老龄化引起的储蓄率下降的不利影响是否能通过另一个因素的变化而消除。此外，本书探索性地研究了老龄化对经济增长的最终影响能否用某些变量之间的数量关系变化予以判断。

消费函数的研究始终是经济理论和经济政策实践的一个研究重点，这是因为，消费函数可以对未来消费需求的变化趋势进行判断和预测，为政府决策提供理论支持。为了使研究贴近中国实际，本书在中国居民消费函数的预算约束中考虑了消费者缴纳养老金和家庭转移支付的情形，对推导得出的代表性消费者的消费函数予以应用，在消费函数中纳入了人口结构因素。

对于纳入人口结构的中国居民消费函数的研究是基于以下考虑：首先，代表性消费者的消费函数考虑了养老金缴费率以及家庭转移情形，因此推导出的社会总消费函数符合中国社会的特征。其次，运用中国的时间序列数据对纳入人口结构的消费函数予以检验，可以发现中国人口结构改变如何影响中国的总消费，研究结果对于进入老龄化的中国具有重要的参考价值。

第三节　论文框架

本书研究沿用了提出问题—文献回顾—理论分析—实证检验—结论和政策建议的范式，主体分为七章。第二章是对人口结构与经济增长相关文献的回顾。第三章建立了本书分析的基础理论模型。基础理论模型是从人口红利产生财富积累的角度研究经济增长，但是仅考虑物质资本积累的分析框架是不完整的。第四章在基础理论模型的基础上引入了人力资本和技术进步，形成了一个物质资本、人力资本和技术进步的经济增长分析框架。第五章是理论模型的验证部分。通过对老龄化背景下日本经济特征事实的总结，寻找日本经济可以持续增长的依据。第六章是对理论模型的一个应用，探讨建立纳入人口结构的中国居民消费函数。第七章是对理论模型的推导和统计检验。第八章是结论和政策建议。

第二章：人口结构与经济增长文献回顾。从四个角度对该领域的文献进行了综述。在前三节对人口规模、人口结构改变与经济增长，人口结构改变与国际收支，人口结构改变与储蓄率的文献整理过程中，就不同观点进行了整理、分类、比较和评价。发达国家正在探索对社会保障政策的改革以应对到来的老龄化问题，这些政策涉及现收现付制向基金制的过渡、延长退休年龄以增加劳动力供给、寻找最优养老金缴费率以及通过移民政策缓解劳动力不足等方面。这些文献为本书理论模型的建立提供了有价值的参考。

第三章：基础理论模型：人口红利、财富积累与经济增长。引用了Lee（2007）提出的两个人口红利作为本书假设提出的背景，提出了人口老龄化背景下经济存在持续增长的可能性的假设，重点是用模型解释第一人口红利结束之后第二人口红利如何继续推动经济增长。基础理论模型分为两个部分：第一，对人口红利时期财富的积累用模型予以表述；第二，对财富积累下经济增长的动态路径予以刻画。在此基础上，论证了人口红利产生的财富积累对经济增长的促进作用。

第四章：理论模型的扩展：纳入人力资本和技术进步。本章是对第三章基础理论模型的一个扩展。基础理论模型中仅考虑了人口红利产生的财富积累对经济增长的作用，却没有考虑到这一时期人力资本和技术进步因素的变化。事实上，这两种因素对于老龄化背景下经济增长的推动作用更为重要，是实现经济持续增长的源泉。在物质资本、人力资本和技术进步的完整的新古典经济增长理论框架下，通过对消费者行为的刻画得出了社会的总消费函数；在消费者行为和厂商行为的局部均衡分析中，得到了消费和资本变化的动态路径，验证了人口老龄化下经济存在持续增长的可能性假设；提出命题，对总消费函数进行了研究和分析，得出了几个重要结论。

第五章：理论模型的验证：人口老龄化背景下的日本经济。探寻了日本人口结构变化过程中家庭、文化和社会等方面的变化，从微观家庭主体和宏观经济表现两个层面对老龄化背景下的日本经济做了一个特征事实总结。这些特征事实与本书提出假设的情景有很多相似之处，可以用建立的理论模型进行分析。此外，日本 GDP 增长率的变化是全球经济一体化的缘故还是老龄化所致？日本不断扩大的经常账户余额、不断上升的海外投资收益是否是未来老龄化下日本经济持续增长的一个重要源泉？这些问题值得进一步研究。

第六章：理论模型的应用：纳入人口结构的中国居民消费函数。本章内容是本书建立的理论模型在中国的运用，消费函数的研究在理论层面和政策制定层面具有重要的意义。中国是人口大国，人口老龄化对中国的挑战是巨大的，纳入人口结构的消费函数涉及中国现行的社会保障制度和中国的传统文化。本章阐释了纳入人口结构的中国居民消费函数的研究思路，旨在通过引入人口结构观察消费的变化，而储蓄与消费是"一枚硬币的两个方面"，因此，可以观察到未来中国储蓄的变化。

第七章：理论推导与实证检验：纳入人口结构的中国居民消费函数。首先对代表性消费者的消费函数进行了推导。为了使研究更符合人口学的要求，运用人口学中的稳定理论引入了人口结构，通过对年龄进行加总得到了纳入人口结构的中国居民消费函数。运用中国 1993~2013 年的时间序列数据，对消费函数进行了统计检验。检验结果表明，理论模型和经验分析在很大程度上是吻合的。这说明回归方程的设定是成功的，一方面验证了本书提出的假设；另一方面也验证了中国经济体制改革以来，中国居民消费和储蓄的变化。

第八章：结语。本章是对全文的总结。人口老龄化下经济持续增长是可能的，而实现的关键在于未来人力资本的积累速度、技术进步的提高程度以及老龄化的速度三个重要变量。总储蓄率的下降如果能引起人力资本的提高并且满足一定数量关系，那么经济增长速度是不会下降的。中国过去 20 年的事实经验表明，并不是老年人口比重上升就一定会引起居民消费的上升和居民储蓄的下降。不同国家在不同的时期，老龄化对经济的影响需要在特定的环境中具体分析。中国对于人口红利的利用程度要低于发达国家，"未富先老"带给中国经济的挑战是严峻的。面对挑战，中国经济依然存在持续增长的可能性，这与现有的社会保障体制改革、加大人力资本的积累、提高技术进步水平、充分利用国内劳动力特别是农村劳动力以及转变经济增长方式是紧密相关的。

第四节 创新与不足

本书是对人口老龄化下经济持续增长可能性的一个探索性研究，旨在期待本书能对中国应对老龄化问题给出一些具有参考价值的研究结论。概括而言，本书的创新之处在于：

第一，研究方法的创新。本书研究的问题是人口老龄化下经济增长是否可持续，提出了人口老龄化下经济存在持续增长可能性的假设，运用假设—演绎的研究方法，对提出假设的背景用数学语言予以表述，建立了考虑物质资本、人力资本和技术进步的新古典经济增长理论分析框架。

第二，进一步对老龄化与储蓄率变化之间的关系进行了研究。国内相关研究已证明，老龄化引起储蓄率变化是帕累托改进的表现，如果储蓄率下降能够引起人均物质资本和人力资本（袁志刚、宋铮，2000）以及教育资本（刘永平、陆铭，2008）的提高，就可以弱化老龄化对经济的影响。本书运用推导得出的总消费函数同样论证了上述观点。本书进一步推导得出为使经济增长速度保持不变，储蓄率和物质资本或人力资本的变化需要满足何种数量关系，同时，还进一步指出储蓄率下降如果引起政府养老支出的上升，对于居民消费具有促进作用，这对于保持经济增长速度也是很重要的。

第三，推导出人口老龄化下经济持续增长的决定条件。本书在考虑物质资本、人力资本和技术进步的新古典经济增长理论框架下推导出了居民的消费函数，在消费者行为和厂商行为的局部均衡分析中，刻画出消费和资本变化的动态路径。在本书中，资本的边际收益等于时间偏好率和技术进步之差。在资本边际收益递减规律的作用下，当资本边际收益较高时，社会资本存量较低，反之则较高。老龄化社会居民消费的时间偏好率较高，因而时间偏好率代表着社会的老龄化程度。当技术进步提高可以抵消时间偏好率的上升时，资本边际收益可以保持不变或者降低，资本向黄金资本存量靠近，经济可以持续增长；当技术进步提高程度无法抵消老龄化引起的时间偏好率的上升时，资本边际收益增加，社会资本存量减少，远离黄金资本存量，就会影响经济增长。

第四，推导出纳入人口结构的中国居民消费函数并通过了统计检验。过去有很多文献就中国人口结构的变化对消费的影响进行了研究，但这些研究大多是直接运用计量模型通过变量的增减得出满意的结果，缺乏理论依据。本书将理论模型推导出的消费函数与人口结构相结合，推导出纳入人口结构的中国居民消费函数，运用 1993~2013 年的时间序列数据进行检验。检验结果比较理想，说明模型的设定是成功的，理论模型和经验分析是相吻合的。

经济学的研究往往是在一系列假设下完成的，但假设和实际情景是有距离的。具体而言，本书的不足之处在于：

第一，中国目前实行的是分立的社会保障制度，国家机关、事业单位、企业、农村和自谋职业者所承担的养老金缴费义务是不同的。为了简便起见，在分析中国居民消费函数时，假定了单一的养老金缴费率，因此，单一的养老金缴费率无法全面反映中国不同单位性质的实际情况。分立的社会保障体制扭曲了劳动力市场，给财政带来了压力且影响了社会和谐。因此，中国社会保障体制需要从分立的社会保障体制向统一的社会保障体制逐步过渡。在此，基于单一养老金缴费率的考虑为中国社会保障制度改革提供了一个参考。

第二，在加总总消费函数时，为了理论推导的简便以及考虑到数据搜集的难度，本书假设了代表性消费者年轻时期向家庭中老年人转移支付的现值和其在年老时期得到家庭中青年人的转移支付现值是相等的。但在实际情况中，随着居民可支配收入的提高，青年人向老年人的代际转移往往是逐渐提高的，对于代表性消费者而言，家庭转移的正向支付和负向支付的现值不一定相等。如果消费者存在上述预期，那么对代表性消费者的消费行为会产生影响。

第三，在推导纳入人口结构的中国居民消费函数时，本书引入了人口学中的稳定理论。之所以称之为稳定理论，是因为该理论不考虑人口规模的变化，死亡率和出生率是相等的，在上述假设下，运用该理论推导出了人口结构。因此，本书的人口结构是基于人口规模不发生变化的情形，这与全书探讨人口结构变化的前提不符。但是，在消费函数的推导中，本书假设了出生率与死亡率是不相等的，可以看作是对缺陷的一个补救。

第二章 人口结构与经济增长 文献回顾

长期以来，经济学界的很多专家学者对人口结构变化与经济增长之间的关系进行了深入的研究，但是，对于人口结构变化对经济增长的影响究竟是正面的还是负面的并没有得出一个定论。也就是说，年轻化的人口结构未必会促进经济增长，而老龄化的人口结构未必会延缓经济增长。

人口结构变化对经济增长的影响不是直接的，而是要通过一些经济变量，综合这些经济变量的变化，可以从储蓄、投资变化或社会保障的角度去分析其对经济的最终影响。本章从人口规模与经济增长、人口结构改变与国际收支、人口结构改变与储蓄率以及人口结构改变与社会保障四个方面对相关领域的重要文献进行了综述，可以发现，不同的研究思路产生了不同的结论。这为本书的研究提供了重要参考。

第一节 人口规模、人口结构改变与经济增长

一、人口规模与经济增长

工业革命之前，马尔萨斯的《人口论》是从人口角度解释经济增长的主要理论。他认为，"无论是短期还是长期，较高的出生率都意味着较低的生活水准。新增加的人口必须借助于原有土地和资本的固定供应量，才

能劳动和生存。因而，人口增加就意味着每人可以得到的产品减少"[①]。

当人口数量增长时，更多人去分享有限的生产资本，人均资本下降，人均 GDP 下降。也就是说，增长的人口不会促进经济增长，相反会影响经济增长。这一点我们可以运用索洛的新古典经济增长理论通过比较静态分析予以证明。当社会处于均衡状态时，资本存量不再发生变化，并且满足以下条件：

$$sf(k^*) - (n + \delta)k^* = 0 \tag{2-1}$$

我们对最优资本存量求导数，可得：

$$f(k^*)ds - sf'(k^*)dk^* - (dn + d\delta)k^* - (n + \delta)dk^* = 0 \tag{2-2}$$

下面，我们对人口增长率 n 做比较静态分析。对式（2-2）整理可得：

$$f(k^*)ds - k^*d\delta - sf'(k^*)dk^* - k^*dn - (n + \delta)dk^* = 0 \tag{2-3}$$

假设储蓄率 s 和折旧率 δ 不发生变化，即 $ds = d\delta = 0$。整理可得：

$$dk^*/dn = k^*/sf'(k^*) - (n + \delta) \tag{2-4}$$

从式（2-4）可以看出，当人口出现增长时：

$$dk^*/dn = k^*/sf'(k^*) - (n + \delta) < 0 \tag{2-5}$$

也就是说，当人口数量增长时，人均生产资本水平下降。最优资本的变化量和最优边际资本产出相乘，就可以得到最优产量的变化量。

$$dy^*/dn = f'(k^*)dk^*/dn < 0 \tag{2-6}$$

式（2-6）中，$f'(k^*) > 0$，$dk^*/dn < 0$。可以看出，$dy^*/dn < 0$。也就是说，当人口数量增加时，社会人均产量是下降的。考虑封闭经济，下面分析社会人均消费的变化情况。

$$dc^*/dn = (1 - s)f'(k^*)dk^*/ds < 0 \tag{2-7}$$

$$dk^*/ds = -f'(k^*)/sf'(k^*) - (n + \delta) < 0 \tag{2-8}$$

可以看出，当人口数量增长时，人均资本、人均产出和人均消费水平都下降。

但是，这种证明所得出的结论是片面的，因为人口因素对经济增长的影响是复杂的。西蒙对马尔萨斯的人口理论做了一定的批判，他主张人口规模的适度增长，并依据发明拉力假说和人口推力假说来证明自己的观点。所谓发明拉力假说，就是说发明一次又一次的出现，一次又一次带动生产能力的提高，从而为更多的人提供生活资料；所谓人口推力假说，是

---

① ［美］朱利安·L. 西蒙：《人口增长经济学》，彭建松等译，北京大学出版社 1984 年版，第 131 页。

指人口增长对知识进步和技术发展有推动作用。西蒙研究人口与经济增长的时代背景是认为人口增长对世界经济发展有威胁。第二次世界大战以后，西方发达国家人口增长率下降，几乎为零增长。20世纪70年代以后，西方发达国家出现了"滞胀"现象，失业人数有增无减，环境污染严重，资源减少。针对上述问题，西方经济学家和人口学家提出了各种各样的想法和主张。"罗马俱乐部"的观点认为，人们生活贫困的根本原因是人口的增长，如果人口继续这样增长下去，最终将产生导致人类毁灭的"世界的末日"，因此，他们主张人口零增长。而另一种观点认为，人口适度增长可以刺激技术发明和生产，推动经济技术发展，他们认为零人口增长尽管在短期内可能有利于经济增长，但在长期内则可能降低经济增长率，因为零增长会减少知识存量，减少技术创新，并且零增长不可能减少资源耗费和环境污染。西蒙正是从反对零人口增长和过快人口增长的角度出发，提出了适度人口增长的理论和模式。

西蒙认为人口数量变化并不是一直呈增长的趋势，经历的是一个有起有伏的过程。罗马帝国和欧洲是人口曾经出现过急剧增减的地方；墨西哥和加勒比海沿岸各国在西班牙人到达之后，曾经出现人口剧减情况。历史上当人口达到或接近高峰时，一般总是最繁荣的时期，欧洲和西方近几个世纪是历史上经济和人口增长最快的时期。但是，这种历史观察使人怀疑这种以人口、自然资源、资本和经济福利相互联系为基础的过于简单化的传统分析体系，历史迫使我们深入讨论那些能解释历史的其他因素[1]。

西蒙对西方发达国家1850~1960年每十年的人口增长率和每十年的人均产量增长率做了回归分析，从回归结果上看，每十年人均收入实际平均增长率与人口增长率之间的关系并不明显。也就是说，人口增长率并不能解释经济增长率，人口增长率的变化几乎不影响经济。库兹涅茨对第二次世界大战后21个发达国家的人口增长和经济增长的截面数据做了分析，回归结果也发现人口增长和经济增长之间既不存在正相关关系，也不存在负相关关系。Chesnais也对20世纪60年代欧洲16个国家的数据做了回归分析，结果也是人口和经济增长之间并无相关关系[2]。

---

① ［美］朱利安·L. 西蒙：《人口增长经济学》，彭建松等译，北京大学出版社1984年版，第26页。
② ［美］朱利安·L. 西蒙：《人口增长经济学》，彭建松等译，北京大学出版社1984年版，第56-60页。

二、人口结构改变与经济增长

20 世纪下半叶以来，关于人口结构变化和经济增长之间的争论仍在继续。Coale 和 Hoover（1958）认为，较高的生育率使得年轻人的赡养比率较高，降低了总储蓄，延缓了经济增长。但是，Williamson（2001）驳斥了上述观点，认为 Coale 和 Hoover 仅关心了人口过渡的第一时期。要全面考虑人口改变对年龄结构的影响，就必须既要考虑年轻人占总人口比重较高的时期，还要考虑年轻人进入劳动力市场和年轻人退出劳动力市场两个时期对经济的影响。Williamson 认为，在初始时期上升的年轻人赡养比率降低了经济发展速度，在第二时期当年轻人进入劳动力市场后，降低的赡养比率会推动经济的快速增长，在人口过渡的第三时期，老年人比重的上升将会引起经济增长放缓。

此外，很多专家从人口红利的角度研究了人口结构变化与经济增长的关系。Ahlburg（2002）认为，当人口红利出现时，一个国家能够抓住时机加以利用是非常重要的，因为人口红利对于经济增长的推动作用是非常明显的。Bloom 和 Canning（1999）按照人均资本收入计算，人口红利可以用来解释东亚国家 1/3 的经济增长。Mason（2001）的计算结果是 1/4 的经济增长要归功于人口红利因素，研究的角度涉及将增加教育投资、提高健康水平等因素同人口红利相结合。Tan 和 Mingat（1992）、Kelly（1996）、Ahlburg 和 Jensen（2001）的研究发现，很多亚洲国家通过增加教育投资来利用人口红利。Ahlburg 和 Jensen（2001）指出，政策在人口优势转换成经济优势的过程中发挥着重要的作用。Kelly（1996）观察到，在很多政府政策相对合理的国家，教育是十分有效的，通过减少人口增长率而不断增加对教育的投资在未来可以分享到较高的回报率。同教育投资相似，健康对于经济增长也有着相似的作用。Ahlburg 和 Flint（2001）发现，在过去 40 年中，对于健康的投资有着不同的作用。Bloom 和 Canning（1999）、Gallup 和 Sachs（1998）的研究结果表明，国民身体相对健康的国家，经济发展速度相对较快。

人口红利的存在一定会促进经济增长吗？研究结果显示，经历人口红利的不同国家和不同地区经济增长表现相去甚远，主要原因在于经济之外的因素影响到人口红利推动作用的发挥。Bloom 和 Canning（2004）在关于全球人口结构改变和经济增长关系的研究中指出，20世纪，由于死亡率的降低以及出生率的提高使得人口进入一个快速、集中的增长时期，而这种人口数量快速、集中的增长不可避免地会带来一种负面的影响。他们认为，过去关于人口问题的讨论集中在人口数量上，在很大程度上忽略了年龄结构的改变。生育率提高引起的人口增长和死亡率降低引起的人口增长对经济的影响是不同的，因为这两个因素对人口年龄结构的影响是不同的。过去的研究大都基于特定年龄人群的行为是不变的，而这一假设在人口年龄结构改变的实际情况下是不成立的。"人口红利"并不是必然实现的，并且经济增长与人口年龄结构并不是自动相关的。如果要实现人口红利，市场对劳动力的需求要和劳动人口数量相匹配。如果没有适宜的政策，政治不稳定、犯罪率上升等都会使额外的劳动力供给导致失业或者不充分就业。一个国家是否能利用人口机会实现发展取决于经济的灵活程度以及对劳动力的吸收能力。拉丁美洲经历了和亚洲一样的人口红利时期，但是拉丁美洲的经济却停滞了很长一段时期。

中国在很短的时间内实现了人口转变，高速增长的经济让国内很多人口学专家对中国人口红利和经济增长之间的关系也做了研究。蔡昉（2004）在人口红利和中国经济增长的关系研究中指出，人口转变过程是可以通过理性的政策手段加以引导的，人口政策的调整可以保持人口结构优势，积极的就业促进政策、可持续的社会保障体系和消除农村劳动力向城镇转移的制度障碍可以把人口对经济增长的促进作用最大限度地发挥出来。蔡昉、王美艳（2006）的研究指出，很多发达国家对人口红利的利用程度要高于发展中国家和欠发达国家，这主要体现为发达国家的人均收入水平较高、资本积累相对丰富。在实现技术进步的条件下，经济持续增长是可能的。蔡昉（2007）的研究指出，中国经济具有二元经济的特征，刘易斯转折来临之前，中国要进行制度改革，解决劳动力的充分转移、收入平等和农民工权益等问题，这对于中国经济的持续增长具有重要意义。

三、人口老龄化与经济增长

资本、劳动和技术进步是分析经济增长的三个重要因素。在研究人口结构改变对经济增长的影响时，特别是分析老龄化对经济增长的影响时，很多文献纳入了技术进步和人力资本积累的因素，从另一个框架下探讨如何减缓老龄化因素对经济增长的影响。日本学者 Yashiro 和 Oishi（1996）从劳动力供给变化的角度研究了日本人口老龄化对宏观经济的影响。作者认为，劳动生产率、储蓄和投资都是受老龄化人口和劳动力增长率影响的宏观经济变量，对于预测未来经济的表现是十分重要的。一种悲观的观点认为，人口老龄化将会大大地影响日本的储蓄率和投资率，但是，这种判断的假设是劳动力参与程度和技术进步是独立于人口老龄化之外的，老龄化的过程中劳动力的参与程度和技术进步是不发生变化的，并且没有考虑到外部冲击因素。Yashiro 和 Oishi（1996）认为，生育率的下降使得劳动力变得稀缺，但是更为迅速的技术进步将会产生，部分地抵消了老龄化给储蓄和投资带来的负面影响。技术进步是内生而不是外生的会改变储蓄和投资的未来趋势，劳动力扩大型的技术进步将是解决劳动力短缺的一个重要途径，提高劳动力的参与率以及延长老年人的工作时间也是解决未来劳动力不足的重要措施。人力资本投资对于保证经济可持续发展是很重要的，内生决定的人力资本的增长率抵消了劳动力负增长对经济发展的影响（Shimasawa，2004）。进入老龄化阶段的国家往往具有以下特征：生育率下降、寿命延长、劳动人口数量减少、生产率降低、社会消费处于一个较高的水平。这些特征都会使产出减少、储蓄率和投资率下降，影响经济增长。这一观点得到了 Higgins（1998）等的支持。

蔡昉、都阳、王美艳（2001）认为，对于中国的老龄化问题，没有必要过多地持悲观态度，这是因为：第一，人口老龄化需要一个过程。在中国经济转轨的过程中，人口因素对于经济增长的影响可能不是最重要的。第二，中国老年人口和少年儿童的变化呈一种"此消彼长"的关系，老年人口负担系数上升造成的负面影响可以部分地被儿童负担系数下降抵消。第三，经济增长主要取决于物质资本的积累与投入以及可供使用的劳动力数量和就业水平。张车伟（2006）在中国应对老龄化挑战的战略对策中指出，中国要实现经济的持续增长，首先要加大教育投资，提高人力资本，以此保持劳动力的竞争优势。同时，建立起覆盖城乡的社会保障体系，解决老年人的社会保障问题。张车伟（2006）对人力资本回报率变化进行了研究，结果显示，在不考虑市场分割的情况下，中国个人教育回报率已经超过了 10%；如果考虑市场分割，教育总体回报率为 4.34%。这一研究的重要意义在于，说明了教育在中国具有边际收益递增的特点，在中国投资教育会产生巨大的经济效益。

第二节　人口结构改变与国际收支

人口结构改变会对国内的储蓄和投资产生影响。按照国民收入核算恒等式，国内储蓄与国内投资之差就是经常账户余额。当人口结构变动影响了国内的储蓄和投资时，经常账户余额就会发生改变，进而影响到国际收支。

一、人口结构改变与经常账户

Auerbach 等（1989）基于生命周期假说的分析对日本、美国、德国和瑞典四个国家用一般均衡的世代交叠模型进行了研究，结果显示，人口老龄化会引起国民储蓄率的下降。日本的下降速度是四个国家中最快的，预计在 2025 年储蓄率会降至零，与此同时老龄化人口会达到一个高峰。然而，这篇论文研究的是开放经济，资本是完全流动的。老龄化造成了日本国内资本—劳动比率提高，这促使日本国内的资本为了获取较高的资本回报而输出国外，增加了经常账户盈余。也就是说，劳动力的减少会引起国内投资同比例的减少，因此不会造成日本经常账户的恶化。

Masson 和 Tryon（1990）用 IMF 多国模型对 OECD 的七个主要国家人口老龄化影响经常账户的程度进行了研究，研究结果显示，储蓄率的下降是因为消费支出上升、劳动力的减少引起了资本和产出同比例的减少，而政府支出的增加扩大了总需求。如果综合老龄化因素的影响，在 1995~2025 年日本居民储蓄率下降 4.3%，总储蓄率下降 1.8%，进一步减少了外部盈余。由于日本受老龄化的影响要早于美国，所以在未来十年，美日之间的贸易将朝着有利于美国的方向发展。但是，他们的研究是基于劳动力参与率不发生变化，不考虑技术进步的情况，对于政府支出增加会扩大总需求的分析是建立在凯恩斯理论的基础上，因此他们的分析对于长期经济的预测是不准确的。

Higgins（1998）研究了人口结构变动如何影响国内储蓄和投资，进而影响国际资本流动。他指出，人口结构的变动是决定经常账户余额的重要因素，人口结构中较高的未成年人和老年人的赡养比率都是引起储蓄率降低的重要原因。数据分析结果显示，较高的未成年人赡养比率扩大了经常账户赤字，这一因素对经常账户余额的影响超过了GDP的6%，并且随着未成年人赡养比率走高趋势的加剧，影响比例还会升高。对于发展中国家而言，较高的未成年人比率会影响国内资本积累，进而影响经济发展。

Herbertsson和Gylfi（1999）运用84个国家30年的面板数据解释了10%的工作年龄人口变动会造成4%的经常账户的变动，在此基础上，通过改进模型，不考虑政府债务的影响，得到了私人储蓄对经常账户的影响。结果显示，储蓄能解释经常账户31%的变动。在德国、美国、日本各国数据的比较中发现模型能够很好地解释美国、日本两国年龄构成与其经常账户余额的关系，但是不能解释德国和日本之间的差别。

Dekle（2004）在分析人口结构改变给日本的储蓄和投资带来的影响时指出，人口结构改变影响日本的储蓄—投资余额。但是，老龄化对储蓄率和投资率影响的程度和快慢是不一样的，储蓄率的下降快于投资率，这才是造成未来国外资本流入日本国内的真正原因。同时，他提出解决这一问题的根本途径在于从2005~2040年每年有40万左右的移民进入日本，以此来缓解日本国内劳动力不足的问题。在这种情况下，日本资本流入占GDP的比重就会下降，社会保障支出也会下降，税收会提高。老龄化会引起储蓄率和投资率的改变是不争的事实，但是，日本长期保持着资本输出国的地位，这与日本出口导向型的经济增长方式是紧密相关的，而这种经济增长方式是很难因为老龄化因素而发生改变的，因为日本的出口不是劳动密集型而是资本密集型的。目前，日本的海外投资额度逐年增加，海外投资收益占经常账户余额的比重近年来一直保持在70%的水平，所以老龄化将会使日本改变资本流向的判断有待验证。

王仁言（2003）对中国人口年龄结构与经常账户做了相关性分析。通过对国际上103个国家和地区2000年人口赡养率与经常项目余额的比较，发现赡养率与经常项目余额占GDP比重呈负相关关系，且亚洲17个国家的负相关关系尤为明显。通过对中国1989~2003年的数据进行分析得出，人口赡养率和经常账户余额呈负相关关系，他认为是劳动力供给增加、国内需求不足造成了这种现象。

二、人口结构改变与资本账户

Horioka（1991）在对日本人口老龄化和经常账户关系的研究中指出，虽然老龄化对日本的储蓄率影响比较明显，但是老龄化对日本经常账户的影响程度要低于对储蓄率的影响，因为经常账户盈余不是储蓄率的函数而是国内储蓄超过国内投资之后的函数。如果投资率下降水平和储蓄下降的水平接近，那么无论储蓄率下降有多迅速，经常账户盈余的变化都是不大的。Feldstein 和 Horioka（1980）提出了著名的 FH 假说，他们认为，传统的检验国际资本流动的方法是直接比较各国实物资本回报率的大小。然而由于存在诸如回报率的度量、税收处理及货币转化方面的问题，用实物资本回报率来检验资本流动性的效果往往不尽如人意，而更多的研究则局限于相对差异较小的金融资产。因此他们开创了以储蓄和投资的相关性来检验资本流动性的数量方法：在资本流动的情况下，每个国家的储蓄可以自由流到生产效率最高的国家和地区，因此一个国家的投资并不依赖于国民储蓄，国民储蓄的增加也未必增加其国内投资。资本流动性和金融一体化的加强会降低国民储蓄和国内投资之间的相关性，并且如果资本是完全流动的，那么国内投资和国民储蓄之间应该没有显著的关系，从而可以用国民储蓄和国内投资的相关性来检验资本流动性的高低。

Taylor 和 Williamson（1994）研究了 19 世纪由于人口结构改变而引起的资本流动，分析中区分了诸如英国的老世界和类似阿根廷、澳大利亚和加拿大的新世界。以英国为代表的老世界国家资本和劳动力充裕，相反，以阿根廷为代表的新世界资本和劳动力稀缺。新世界国家较高的赡养比率抑制了国内的储蓄率，国内储蓄不足，国外资本就像代际转移一样流入了这些国家。

人口结构的改变引起了国内劳动力数量的变化。由于发达国家和发展中国家老龄化的时间不同，所以不同国家的劳动力有的充裕，有的不足。人口老龄化产生了人口冲击。Williamson（2001）研究了人口冲击和国际资本流动的关系。人口冲击可以视为劳动力数量充裕的国家向劳动力数量不足地区转移劳动力，而劳动力的转移很大程度上是由经济因素引起的。年轻化的国家往往是资本的净进口国，老龄化的国家大多是资本的净出口国。如果全球资本市场能够很好地整合，那么资本会像代际转移那样由

"老年人"转向"年轻人"。

　　Börsch-Supan、Ludwig 和 Winter（2002）提出，进入 21 世纪很多国家都将陆续经历人口结构改变，正是因为各国经历老龄化的时间不一致，特别是发达国家和发展中国家之间的时间差异，改变了各国总储蓄的变化路径，引起了资本流动。生育率和死亡率的下降引起了人口老龄化。在研究中，他们以老年人口赡养率，即养老金申领人数与工人的比率作为指标来表示老龄化程度。他们认为，发达国家的人口老龄化将会打破资本和劳动力之间的平衡，推动工资水平上升，储蓄相对过剩，利息率也就是资本回报下降。而同一时期，发展中国家受老龄化因素影响较小，国内资本相对较少而劳动力相对充裕，资本回报率相对较高，工资水平较低。因此，发达国家的资本向发展中国家输出。Higgins（1998）和 Lührmann（2001）的研究也证明了各国和各地区人口结构变化的时间差异引起了国家间的资本流动。Lührmann（2001）用了 141 个国家的面板数据分析了人口结构改变对国民储蓄、资本形成和国际资本流动的作用，结果显示，各国间的资本流动受人口变量的影响，各国人口年龄结构之间的差异是资本流动最重要的决定因素，并且，未来各国的人口年龄结构是当前储蓄和投资的重要决定因素。Börsch-Supan 对 CES 型生产函数做了估计，结论是劳动和资本之间的替代弹性是 1，这个结果非常重要。虽然老龄化改变了资本和劳动两种生产要素的供给，但是由于这两种生产要素之间是完全替代的，因而减少了老龄化对投资和生产的影响。

　　Artus 和 Legros（2005）利用世代交叠模型分析了人口老龄化在不同时期对不同国家资本流动的影响。人口老龄化趋势的变动与储蓄、国际资本流动密切相关。过去的理论研究和经验分析表明，老龄化会使资本由穷国流向富国，现在这一情形已经发生变化，资本流向发生逆转，由发达国家流向了新兴市场国家。但是这些资本往往带有顺周期的特征，资本流向变化较快，甚至造成了经常账户在很短的时间内由盈余变为赤字，或由赤字变成盈余，因此，这种变化对国内生产的冲击较大。由于流入新兴市场国家的资本具有不利影响，使得这些国家的经济发展速度都比较低，承担了资本账户自由化风险的同时却没有获得相应的收益。从表面上看，往返于发达国家和新兴市场国家之间的资本流量加大，但是这些资本并没有为新兴市场国家所利用。日本和一些亚洲国家（除中国之外）应该有外部赤字但实际上却是外部盈余，这主要是由于日本的国内需求不振，新兴市场国家保持高储蓄。中欧和东欧国家的经常账户应该是盈余实际却是赤字。欧元区国家、中国、印度、拉丁美洲和地中海国家的实际情况是可以用规范经济学理论解释的。

三、人口老龄化与国际资本市场

Noguchi（1990）运用生命周期假说和 Cobb-Douglas 生产函数建立新古典模型，研究了老龄化对储蓄和生产的影响。他认为，由于老龄化造成劳动力数量的下降引起了资本回报的下降，同时，储蓄的下降相应地引起投资减少。虽然，Noguchi 解释了引入劳动力扩大型技术进步后，劳动力数量的下降不会使得储蓄率发生改变，但是，Noguchi 的模型中没有解释人口老龄化对劳动力供给的影响。然而在这个模型中，他得出了日本的经常账户盈余在 20 世纪的最后十年是不会发生变化的，在 2000~2010 年盈余会增加，而在 2010 年之后会下降。

日本经济企划厅（1991b）用最优增长模型对日本经济做了长期预测。研究结果显示，老龄化程度的提高会使居民消费的时间偏好发生变化，国民储蓄逐渐下降，总投资在 20 世纪 90 年代会下降，但是在 2000~2010 年变化不大。出现这种结果的主要原因是该研究是基于劳动力可以在各部门之间自由流动的假设，由于劳动力逐渐稀缺，所以劳动的回归系数上升。因为服务行业的劳动生产率较低这一特征尤为明显，所以在 20 世纪 90 年代经常账户会保持盈余而在 2000 年之后变为赤字。假设劳动生产率稳步提高，劳动力数量的下降将会导致经济增长率的下降。Yoshitomi 和 Yashiro（1992）对日本的经济增长率做了预测，在 20 世纪 90 年代经济增长率将会由 20 世纪 80 年代的 4.2%下降到 3.75%，而到了 2000~2010 年经济增长率将会下降到 2.75%。

Fehr、Jokisch 和 Kotlikoff（2003）用动态模拟模型分析了老龄化对美国、日本和欧盟三个主要发达国家和地区的影响，分析结果显示，老龄化将通过挤出这些国家的资本积累而影响经济的发展。但是，老龄化对这三个主体的影响是不一样的，相对于美国而言，老龄化对日本和欧盟的影响更为明显，因此，政策对它们的效果也是不一样的。由于老龄化过程的差异，引起了资本由美国流向欧盟和日本，这将会引起美国资本的短缺。虽然来自国外的移民对宏观经济有一些积极的作用，但还是比较小的。通过减少当期的养老金系统和征收消费税为养老金融资可以提高长期福利。政策实行的初期,老年人和中年人的福利损失比较小,但是对年轻人和未来的中低收入群体的影响是比较大的。

Helliwell(2004)在研究国际资本流动和人口结构关系时提出,要关注更多类似于收入分配、就业的经济变量,提高的福利往往取决于更多的外部变量,政策制定时对这些因素予以考虑将有助于应对人口过渡。

Börsch-Supan、Ludwig 和 Winter(2005)认为,人口老龄化和养老金改革对国际资本市场有着很深的影响。首先,人口结构会改变总储蓄变化的时间路径。其次,养老金改革对这个过程也有影响。最后,人口老龄化在很多国家的作用是相似的,但是时间和初始条件是不一样的,因此,如果资本可以在国际上自由流动,人口老龄化将会引起资本在各国之间的流动。以上三种效应对资本回报率以及资本和劳动力之间的相互作用均有影响。人口老龄化、养老金改革和国际资本市场之间的关系呈"三角形",人口老龄化还可能会引起对资产市场的影响,三位学者提出了"资产市场融化假说"。他们认为,近来的股票市场价格变化是受到了人口老龄化的影响,担心如果在"婴儿潮"时期出生的人们大量进入老年时期的过程中,其持有资产用于其养老支出,对股票市场将造成很大的影响。"婴儿潮"时期出生的人在老龄化的过程中降低了储蓄率,减少了资产持有,国际资本流动也缘起于此。各国经历老龄化的不同时间使得在初始时期美国和 OECD 国家成为资本进口国,然而,随着储蓄的降低这种资本输出的形势会发生逆转,变成资本进口。基金制的养老保险制度可能会促进资本的流出。老龄化引起的资本回报率下降验证了"资产市场融化假说"。

徐晟(2008)认为,人口结构和国际资本流动之间的关系应通过储蓄这个环节进行分析。拥有较高年轻人口比例的国家社会基础设施投资较多,这会引起净国外资产的减少,导致经常账户赤字;而老龄化的劳动力会导致净国外资产的增加与经常账户的盈余。储蓄因素在传导机制中起到了十分重要的中介作用。基于国外的经验,在生命周期假说的研究前提下,人口年龄结构的变动对储蓄率的影响是显著的,人口红利通过影响储蓄率、投资率和政府支出影响国际收支。

第三节 人口结构与储蓄率

在人口结构影响国际收支的传导机制中，储蓄和储蓄率起到了传导中介的作用。人口结构的改变影响了国内储蓄和国内投资。储蓄水平和投资水平的相对变化使得一国的国际收支发生了改变。

一、人口结构改变与储蓄率

Leff（1969）从统计上支持了人口因素是总储蓄率的决定因素。人口因素对总储蓄比率的影响是明显的、重要的。高赡养率和高出生率是解释发达国家和欠发达国家储蓄率差异的重要因素。跨部门的分析显示储蓄的收入弹性小于等于1。这些结果和稳定的出生率和抚养率有助于解释为什么大多数欠发达国家收入提高而总储蓄率没有提高的现象。分析显示，不发达国家储蓄率增加的可能性很小，除非生育率降低。即使生育率降低，在抚养比率迅速下降之前储蓄率在中期不会发生变化。尤其是在一些发达国家，经济学家和社会学家的理论可能阻碍了政府的生育控制政策。可能是因为限制了国内的储蓄和资本形成。这与他们的发展目标是冲突的。

Feldstein（1976）在关于社会保障和储蓄率的关系研究中指出，现收现付制的养老金制度不会形成社会保障基金。当期退休人员的养老金来自向劳动者征收的税收。当大批人员进入老龄化阶段以后，现收现付制养老金制度会使得个人储蓄下降，相应地，国民储蓄也会下降到一个相似的水平。储蓄的下降也就意味着国家的资本积累相应地会下降。而更多的资本积累意味着更高的生产率、更高的实际工资和更高的国民收入。Feldstein估计，如果不考虑社会保障，那么美国的资本积累将会提高60%。但是，储蓄下降本身并不会引起收入和工资的下降。

Wakabayashi 和 Mackellar（1999）对中国人口变化和家庭储蓄行为进行了研究。他们认为，中国经济得以增长的重要源泉是丰富的家庭储蓄，特别是来自农村的家庭储蓄。利用计量模型对中国城市和农村家庭的储蓄函数进行估计后，得到的结论和其他研究结论是一致的：家庭储蓄率的变化和老年人、年轻人的抚养比率呈相反关系；但是老年人抚养比率变化的影响更为明显。基于这一结论，可以预见未来中国的人口变化趋势对家庭储蓄的影响是很大的。2025年之后，中国的家庭储蓄率将开始下降。未来总储蓄水平的下降将会影响中国经济未来的发展路径。

Poterba（1998）和Brooks（2000）认为按照生命周期假说，在老龄化的经济中，加总居民的储蓄行为可以发现国民储蓄率是下降的。而且具有理性预期的个体在一般均衡模型下，不仅是在当期而且在未来由于人口结构的改变使得国民储蓄也发生了变化。实证检验结果显示了人口结构改变如何影响储蓄率。

Denizer和Wolf（1998）对发展中国家人口因素和储蓄研究得出的结论和以前的研究成果一样。在很多和储蓄率相关的分析中，就业对储蓄率的影响不是很明显。人口因素对过渡经济储蓄率的影响是很大的。未来预期到的人口结构变化可以提供一个对未来储蓄率的预测。他们发现储蓄偏好随着家庭收入的提高会增加很多。这也就意味着收入不平等性提高，对于储蓄有重要影响。同时家庭收入不变的情况下，随着教育投资增加，储蓄率下降。在考虑财富效应的情况下，当前储蓄可能是持久的。一些特征事实说明，人口老龄化对于储蓄是有负面影响的。但是，作者发现，无论是就业部门（公共或者私人）还是就业的形式，对于储蓄的系统性影响都是有限的。

Mason（1988）提出，生育率下降和人口增长速度减缓有助于提高生活水平。国民收入中更多的部分用于储蓄和资本积累推动了经济迅速增长。发展中国家由于担心陷入债务危机不可能借助国外储蓄来发展经济。对于拥有较低生产率和投资率的发展中国家而言，虽然高储蓄和高投资并不是发展经济的灵丹妙药，但是日本、美国等发达国家的经验表明了较高的投资比率会提高每个工人的产出，使经济在很长一段时间内保持增长。

Schultz（2004）对亚洲国家储蓄和人口年龄结构之间的关系进行了研究。他认为，一个国家的储蓄率与其国内人口的年龄结构组成是密切相关的。一种解释是当人口收入较高时其储蓄率相对较高，而当人口收入下降时储蓄率较低。人口年龄分布的差异可以用来解释不同国家、不同时间的国民储蓄率之间的差异。这种解释与生命周期假说是相吻合的。在对亚洲国家的检验中，作者发现，人口结构的改变对于近年来亚洲国家储蓄率的升高和经济增长起到了很重要的作用，但是，在对家庭层面的储蓄行为的研究中并没有充分的证据可以解释储蓄行为的生命周期变化。

二、人口老龄化与储蓄率

Horioka（1991）对日本储蓄率和人口年龄结构之间的关系进行了回归，系统预测了人口年龄结构对未来日本储蓄率的影响，以老年人抚养比率和年轻人的抚养比率作为解释变量。研究结果认为，未来日本的居民储蓄率和企业储蓄率在 2007 年之后由于人口老龄化而变成负值。他指出日本的高储蓄率与很多因素相关，其中涉及文化传统和习惯，如中国儒家思想的影响、人口的年龄结构、自谋职业的人数量较多、消费信贷市场的不发达、银行和非银行金融机构之间激烈竞争以及邮政储蓄存在。同时，还涉及政府的储蓄推动行为，较低水平的社会保障以及经济的快速增长。

Börsch-Supan 和 Winter（2001）认为，人口老龄化会改变家庭储蓄行为。这种行为的改变并不受养老金制度的影响。随着养老金内部回报率（Internal Rate of Return，IRR）的降低，个人储蓄成为一种为退休而准备的必要载体。而且在法国、意大利和德国等国家，对现收现付制的养老金体制依赖程度很高，这些国家的年轻人意识到需要通过储蓄来为退休之后积攒收入。但是这种效果会因为现收现付制向基金制转变而削弱，强化了因为退休而进行的储蓄。人口老龄化改变了家庭的储蓄行为和资产组合形式，更多的资产将会被投资到股票市场，资本市场的规模将会扩大，养老基金也会成为证券市场上一个重要的机构投资者。对于提高资本的运用效率、提高全要素生产率和经济增长而言，这种改变将是有好处的。在 21 世纪的第一个十年总储蓄和资本存量会上升，而当人口结构改变结束后，较高的老年人抚养比率会导致较低的储蓄率。

Bloom、Canning 和 Graham（2002）把居民的健康和寿命纳入了标准的生命周期模型。研究结果表明，如果在合理的假设下，寿命的提高会导致更高的储蓄率。如果人口数量稳定，那么逐渐增加的老年人口抚养比率将会抵消由于居民寿命和健康水平提高而导致的高储蓄率。这一研究解释了1950~1990 年东亚的高储蓄和非洲地区预期寿命的下降而导致的低储蓄率。在居民健康和寿命水平提高的同时，观察居民储蓄行为的变化要注意居民健康和寿命水平变化之后居民的工作时间如何变化。寿命的提高使居民的退休时间延长，因此增加了居民对退休收入的需要，在居民工作时期将会更多地储蓄。但是，健康水平的提高对于储蓄的影响是不确定的，他们认为，健康水平的提高会延长居民的工作时间而推迟退休。

Bernanke（2005）把全球储蓄的不平衡归因于人口结构改变而造成的储蓄盈余。对于发达国家而言，由于人口老龄化使得老年人口数量增多，国内储蓄得不到充分利用。人口结构改变的初期拥有高储蓄，那么在后期必然要面临储蓄不足。除美国之外的其他发达国家，老龄化成为造成高储蓄的主要原因，这些国家需要为老年人口的不断增加和劳动力数量的下降做准备。由于劳动力的增长缓慢或者是劳动力数量的下降以及资本劳动比率的提高，很多发达国家的国内投资机会都会明显下降，因此，较高的国内储蓄和低回报的国内投资，使得这些富裕的国家经济体都借钱给国外，经常账户出现盈余。

Bosworth 和 Chodorow-Reich（2006）关注了人口老龄化对公共储蓄和私人储蓄的影响。人口老龄化程度的加剧造成了全球储蓄资源的下降，导致了真实利率的提高。同旺盛的国内投资相比，美国的国内储蓄不足，这使得美国经常账户赤字不断扩大。究其原因，可以发现全球储蓄有两个不平衡：第一个不平衡是美国为什么储蓄不足；第二个不平衡是其他国家储蓄盈余为什么那么多。作者确认了人口结构改变对于国民储蓄和政府预算平衡有很重要的影响，然而，发达国家由于人口原因造成的储蓄下降不如投资需求下降的负面影响大。此外，快速发展的全球资本市场提供了一种缓冲这种变化的重要方式，日本就是一个很好的例子，其通过大量的海外投资头寸为未来的消费融资。但美国走的是另一条路，美国的居民持有大量的财富，这使得他们可以在未来卖完自己的财富为消费进行融资。截至作者研究之日，他们认为人口结构的改变不论是对于储蓄还是投资影响都不大。这种影响主要还是由于全球经济发展过程中出现的其他因素造成的，人口因素无法解释近来出现的储蓄和投资不平衡现象。研究结果认为，人口老龄化使发达国家储蓄水平下降。人口结构在长期中决定着国民储蓄，由于人口结构变化较慢，那么在短期对储蓄的影响程度要低于其他因素。

袁志刚、宋铮（2000）研究了人口结构改变和最优储蓄率之间的关系，研究的背景是中国城镇居民的消费倾向出现大幅度下降，与此相对应，居民的储蓄倾向大幅度上升。作者将人口老龄化因素和中国居民边际消费倾向结合起来，认为人口老龄化是中国城镇居民边际储蓄倾向上升的一个重要因素。而不断上升的储蓄率超过了社会最优储蓄率，可能是低效率的，因此，他们认为当个人最优储蓄率高于黄金率要求的水平时，储蓄的降低是帕累托改进的一种表现。对于老龄化社会出现的储蓄率下降的特征事实是需要仔细分析的。技术进步通常来源于人力资本投资和R&D投入，因此加大教育和研发的投入可以拉动投资需求，通过技术进步降低储蓄率可能是帕累托改进的一种表现。本书认为这一研究的重要意义在于，提醒我们重新看待人口老龄化过程和储蓄率的下降。人口老龄化引起的储蓄率下降不会造成经济增长速度的下降，相反可能会推动经济的下一轮增长。

与袁志刚、宋铮的研究相类似，刘永平、陆铭（2008）在加入了家庭养儿防老机制的创新背景下，研究了中国老龄化和未来经济增长的关系。结果显示，在养儿防老机制和生育控制情况下，高储蓄往往伴随着较高的教育投入，随着老龄化程度的增加，教育投资和投资率也将增加。从宏观层面上看，工资收入比重的增加、人均资本装备率的提高都将增加对后代的教育投入，这与中国的高储蓄、高教育投入是相吻合的。老龄化程度增加虽然降低了家庭储蓄率，但并不意味着经济衰退，其对经济增长的贡献具体取决于老龄化程度、资本产出弹性、教育部门投资投入产出弹性等参数。文章的一个研究特色在于，考虑了养儿防老的中国家庭特征，并且家庭教育投入是中国家庭的重要特征行为，这在经典的生命周期假说中是没有考虑的。考虑到上述两个特征，对于分析老龄化对中国经济增长的影响就会产生新的思路。

第四节　人口结构改变与社会保障

一、社会保障制度研究回顾——几个不同的角度

1. 养老金制度的选择——现收现付制向基金制过渡的研究

Brunner（1996）对现收现付制养老金体制向基金制养老金体制的转移进行了研究。相关研究认为这种转移存在帕累托改进，基金制的养老金体

制要优于现收现付制的养老体制。但是，Brunner 引入了居民差异和代际转移公平性的假设之后，得出的结论是不一样的：基金制不可能实现帕累托改进。他认为，近年来人口增长率和劳动力生产率的下降，对经济增长的影响是明显的。这一背景适宜于讨论是否对养老金体制进行改革。问题产生于过渡期的劳动力需要承担双重负担：既要为退休人员缴纳养老保险费，又要为自己退休之后积累足够的养老金。因此，可以认为至少有一代人将会在养老金体制改革的过渡期内受损。但是，Homburg（1990）、Homburg 和 Richter（1990）、Breyer 和 Straub（1993）认为现收现付制的养老金体制向劳动者征税，扭曲了居民在劳动和休闲之间的决定，带来的损失是很大的。如果进行体制改革，这种损失是可以消除的。并且相应地会产生帕累托改进。

Börsch-Supan（2000）的研究指出，随着养老金改革争论进一步深入，储蓄行为国际分散化效应和养老金改革之间的相互联系使得养老金改革得到更多的关注。Deardorff（1985）针对养老金和储蓄之间的关系也做过类似的分析。Reisen（2000）针对储蓄和养老金之间关系也进行了更为全面的研究，他主张以全球资产多样化提高养老金收益。Pemberton（1999）强调了国际外部性的重要性，主要是养老金和储蓄对世界利息率的影响。Pemberton（2000）对现收现付制养老金制度和基金制养老金制度进行了比较。在进一步的研究中，他认为，由现收现付制的养老金制度转向完全基金制的养老金制度意味着至少会引起一代人的损失。在对 OECD 国家的数量模拟中 Pemberton 发现了支持上述观点的证据。但是，Pemberton 的研究也存在一些缺陷，所利用的理论模型完全是程式化的世代交叠模型，无法解释不同地区之间人口结构改变的现实路径。

2. 养老金缴费率与社会保障

Feldstein（1976）认为现收现付制的社会保障制度资金主要来自对当期工人征收的养老金税收，这部分资金并没有被积累。当这些工人退休之后，他们的退休收入不是来自积累的资金而是取决于向工人征收的养老金税收收入。如果大量的工人退出劳动岗位之后，对于退休收入的资金需求量会很大。因此，这给当期处于工作岗位的工人增加了很大的负担，必须以更高的比率征收养老金税收才能支撑现收现付制的社会保障制度。

OECD（1988）认为增加养老金缴费率在某种程度上是不现实的。因为健康成本会增加，而且增加的速度要快于公众养老金成本。Miles 和

Timmermann（1999）、Boldrin 等（1999）、Börsch-Supan（2000）和 Disney（2000）提出基金制的养老金制度应该被引入，因为它是对现收现付养老金体制的一种很好的补充。养老金缴费就像其他税收一样，是打入劳动者收入和劳动力成本之间的楔子，减少了劳动力供给，并且由欧洲国家与英国、美国的补偿金比率的差异造成了这些国家间劳动力竞争的一种障碍。

3. 退休政策与社会保障

Mulligan（2000）用模型分别比较了养老金的重新分配和引致性退休的两种动机，这两种动机的相似性和不同之处是无须多言的。在年轻人向老年人转移基金而进行的重新分配上，这两种动机是一致的，其对于提高老年人福利的效果是一样的，但是这两种模型有很多不同的含义。代际转移的重新分配动机和鼓励退休计划是很难协调的，同时与退休动机和社会保障支出之间的正相关关系也是较难协调的。在重新分配动机下，收入效应对行为改变的效果是比较明显的。但是如果退休的替代弹性足够大，退休引致动机的替代效应效果比较明显。对于重新分配和引致退休动机之间的差异，在很大程度上这两种动机的相对重要性是很关键的。作者认为社会保障政策对老年人的替代效应是较大的，但是收入效应更大。收入效应的重要性意味着重新分配动机对于理解社会保障政策是很重要的，但是这对于理解经济增长和各国之间的差异是不重要的。

Bloom 和 Canning（2004）的研究对提早退休的社会保障政策进行了关注。比利时、意大利、法国、德国和荷兰这些国家对于 65 岁以上仍然继续工作的老年人征税很高（超过了 60%），因此在 55~65 岁的群体中，劳动参与率是较低的。另外，美国、加拿大、瑞典和日本老年人继续工作的比率较高，因为征税的比率较低。人口老龄化涉及为老年人提供退休收入，而人口年龄结构的动态不均衡意味着通过基于对劳动者严格的税收方式向老年人提供养老收入的方式是不可持续的。要想在未来向大量的老年人提供养老支持就要在当期积累实际资源，社会保障转移系统事实上在逐渐破坏通过由劳动者减少储蓄需要而积累起来的资源。然而，某种形式的社会保障看起来是必需的。Hubbard 和 Judd（1987）认为，由于一些国家资本市场的不完全而使得退休储蓄变得不再有吸引力。Feldstein（1985）和 Laibson（1998）的研究指出，由于时间偏好的不一致，可能存在缺少对退休而进行储蓄的准备。

4. 养老金制度改革与经济增长

Casarico（1998）讨论了资本市场不完全情况下的养老金制度改革与经济增长的关系。研究的问题主要集中在养老金制度改革对居民的寿命和产出的影响，分析了长期和短期、同一收入水平和同一收入分配状况下的养老金制度改革的效果。在两时期的代际交叠模型中，作者把对人力资本的投资和资本市场的不完全性视为两个重要因素。这是因为，新经济增长理论认为教育是经济增长的动力。除了技术进步之外，人力资本积累被视为实现长期增长的重要机制。对于资本市场不完全的假设是对其他关于养老金制度研究的一个扩展，对资本市场不完全的考虑在一定程度上是对现有社会保险的解释，但更多的是对现有社会保险改革经济效果的讨论。这一研究得出了三个结论：第一，当资本市场不完全并且教育技术是"非凸"的情况时，完全基金式养老体制下的强制性储蓄对于个人储蓄而言不是完全替代。第二，完全基金制和现收现付制之间的比较取决于利息率和人口增长率。在资本市场不完全的情况下，只关注利息率即可。第三，现收现付制养老体制向基金制养老体制过渡可能会涉及贫困陷阱。完全基金制的养老体制回报的上升将会成为进一步推动社会保障私有化的理由。

5. 社会福利与社会保障

Feldstein（1995）讨论了社会保障私有化之后对经济福利的影响。他认为，如果设定同一个水平的养老金福利水平，采用基金制的社会保障退休计划与现收现付制相比意味着更高的社会资本积累水平和更高的实际收入。从现收现付制向基金制过渡并不会减少现有退休人员的养老金福利，也不会减少现有工作人员的养老金福利的现值。但是，这种制度改革的实施需要一个前提，就是用公开的政府债务取代现收现付制下的隐性债务。他指出，满足三种条件的情况下，养老金制度改革将会提高经济福利：第一，资本的边际产出超过了经济增长率；第二，经济的资本密集程度要低于福利达到最大化时的水平（资本的边际产出要超过设定的折现率）；第三，经济增长率必须是正值。

Pemberton（2000）提出，通过改革养老金制度将会改善代际间的资源配置，可以实现帕累托改进。

6. 移民政策与社会保障

Razin 和 Sadka（1998）对移民和养老金之间的关系进行了研究。他们认为，移民对于养老金制度而言具有财政意义上的重要含义。从一般意义上讲，肯定是希望移民年轻，因为他们有助于社会向当期老年人支付养老金，即使这些移民是低技能的。但是，年轻移民对当期的国内年轻人是有影响的，因为移民也是国家福利的受益人。虽然低技能移民有负面影响，但是移民对于一个老龄化国家而言存在帕累托改进。不论收入高低、年龄大小，移民对于一国而言情况将会更好。在一个永久存在的经济体中，移民对于目前的老年人和所有其他年龄段的人都有正的贡献。模型的研究结果显示，移民越多情况会越好。因此，对于移民，国内应该持有支持的态度。然而，如果移民数量过多就会造成工资下降，特别是对于低技能的工人而言。但是跨期分配的扭曲效应将会有利于低技能的工人，他们希望能够抵消这种趋势。

二、人口老龄化与社会保障制度改革

Börsch-Supan 和 Winter（2001）认为，在法国、意大利和德国，人口老龄化使得公共养老金制度的基本改革有一定的优势。在 21 世纪的第一个十年总储蓄和资本存量会上升，而当人口结构改变结束后，较高的老年人抚养比率会导致较低的储蓄率。很多类似于法国、德国和意大利的欧洲国家，养老金保障范围几乎覆盖了所有的工人，养老金收入几乎是他们主要的收入来源。即使到现在，这些国家的养老金系统仍然提供着较高水平的社会保障。虽然近些年这些国家的养老金改革动作很大，但是在稳定养老金比率、公共支持以及注册登记方面仍然做得不成功。原因有两个：一个是人口老龄化程度加剧，另一个是劳动力供给减少。由于较早退休和失业等因素，人口问题极大地减少了劳动力的参与率，并且出现了不缴纳社会保障税收的工作倾向。Gruber 和 Wise（1999）、Schnabel（1999a）指出，养老金体系减少了劳动力的参与率，因而有负面的影响。

Boeri、Börsch-Supan 和 Tabellini（2001）指出，随着人口老龄化的加剧，养老金缴费率在未来的几十年中肯定会在已经很高的水平上继续提高。人口老龄化问题威胁着欧洲现收现付制的养老体系的稳定，在法国、德国和意大利，社会保障救济金占劳动力补偿的份额已经超过了 50%。

Martı'n Gonzalez-Eirasa、Dirk Niepelt（2008）对人口过渡时期的社会保障政策的变化进行了研究，他们利用 OLG 模型对人口老龄化和社会保障政策做了预测。结果显示，人口老龄化将会导致社会保障政策的税率更高，养老金占 GDP 的比重将会提高。但是，事实上每个退休人员的养老金都会降低。人口老龄化冲击均衡税率将会减少老年人的消费。他们认为，随着人口结构的改变和社会保障税率的提高，那些对劳动力供给产生扭曲的政策将不再重要，劳动力的供给可能会增加。作者的研究也是基于未来人口增长率下降之后，现收现付制的养老体制会受到资金压力。要想解决养老金不足的问题，就要提高养老金缴费率或者减少退休人员的养老金，或者是两种政策同时使用。经过分析，作者发现，面对人口老龄化问题，社会养老金福利迟早会降低，但是，社会保障的税率以及养老支出占GDP 的比重将会上升。并且，他们认为，在固定的群体中，不平等程度加剧将会刺激社会保障税率的提高，因而不平等性更为严重。

Gokhale、Kotlikoff、Sefton 和 Weale（2001）对人口结构改变过程中遗赠对财富不平等因素的影响进行了研究，文中建立了纳入婚姻、生育率、死亡率、不同的回报率等因素的 OLG 模型。遗赠是由不完全的年金形式产生的。由于遗赠具有随机性特征，从直觉上看遗产的增加会加剧同一群体中财富的不平等性，但实际情况不是这样的，因为收入是生命周期财富积累的重要决定因素，但是潜在的遗赠过程在很大程度上和收入是不相关的。作者认为潜在的代际财富转移不平等性主要是由于技能差异、退休储蓄年金等因素造成的。如果没有社会保障的话，遗赠事实上会减少财富的不平等性，虽然程度较低。遗产造成财富不平等的程度并不高，大多数财富不平等性源于收入的不平等性。

Feldstein（2005）研究了发达国家由于面临人口老龄化问题而对现收现付制的养老金保险制度进行的改革。由于各国人口老龄化的程度加剧，国内现收现付制度的改革也迫在眉睫。改革的方向是由过去现收现付的养老金制度向基金制和现收现付制相结合的养老金制度过渡。这项改革可以减少对劳动力市场的扭曲，增加未来消费的现值。混合型的养老保险制度并不需要税率的大幅提高，不会引起更大的赤字，也不会减少预期的退休收入。并且，现收现付制的养老金增加的速度要慢于混合型的养老金体制。作者认为如果管理得当，管理成本是较低的。混合型的养老金制度的风险也相对较低，这是因为现收现付制的养老金体制并没有直接退出。但是，政府对基金的管理要保证他们在未来能获得收益。混合型的养老金制度并不需要改变现有社会保障分配的所有特征，但是它的最大好处是对现有制度下比较贫穷的退休人员能提供更多的养老金。

Razin、Sadka 和 Swagel（2001）对老龄化人口和福利国家的规模进行了研究。文中指出，决定税收转移的政治经济政策的一个重要因素是具有决定权的投票者在现收现付制的养老制度下是净贡献者还是受益者。当抚养比率上升时，政治经济的均衡税率应该下降，直到处于中间的投票人退休之后提高税率。另一个重要的研究结果是，税率和抚养比率的关系是负相关的，这是因为收入的重新分配是基于对劳动收入征税而不是针对资本收入征税。如果对资本收入也征税的话，将会使退休人员成为净贡献者而不是净收益者。在这种情况下，税率和抚养比率呈正相关。发达国家婴儿潮的老龄化和不断下降的生育率都意味着抚养比率将不断上升。文中同样讨论了社会保障系统的私有化问题。基于文中设定的模型，作者认为用个人退休账户取代现有的现收现付制的养老金制度是一种很好的尝试，这将有助于减轻当期工人向退休人员转移的压力。

蔡昉、孟欣、王美艳（2004）的研究指出，中国老年人口数量增加的时期，也是中国社会保障制度改革的关键时期。社会保障制度的改革和完善可以减轻社会养老负担，这是实现经济持续增长和社会发展的必要条件。

本章小结

从人口角度研究经济增长的文献可谓浩如烟海。不同的学者从不同的角度，运用不同的研究方法得出不同的结论。从文献回顾的角度上看，不同的经济发展水平、文化和社会背景下，人口结构改变对经济增长造成的影响是不确定的。年轻化的人口结构未必就会促进经济增长，而老龄化的人口结构未必就会导致经济增长放缓。这一结论对于提出本书研究的问题——探讨人口老龄化背景下经济持续增长的可能性是非常重要的。

在对人口结构改变和经济增长的文献回顾中，描述了人口老龄化对经济、社会和文化带来的变化，分析当"人口红利"在不同国家出现时为何造成了经济发展水平的差异，在关注有效劳动力数量减少的同时，往往忽略了老龄化过程中的物质资本积累，增加教育带来的人力资本提高和技术水平的提高使得经济存在持续增长的可能性，人口结构变化对储蓄和投资的影响是明显的，储蓄—投资相对水平的变化使得一国经常账户余额也随着人口结构改变而改变，人口因素与资本账户流动的关系也随着人口结构改变而紧密起来，人口结构的改变可能是一些国家特别是亚洲国家高储蓄率的重要原因之一。很多研究认为，人口老龄化会造成储蓄率的下降，由此造成的国内储蓄不足会影响经济增长。但也有一些研究认为，储蓄率的下降可能是帕累托改进的一种表现。如果下降的储蓄率可以促使人力资本提高的话，那么经济增长是可持续的。

经济增长、国际收支和储蓄率等理论层面的回顾为本书的深入研究提供了重要的理论基础；对人口结构改变和社会保障政策层面的文献梳理为本书政策建议的提出提供了重要的参考；对现收现付制与基金制养老金体制的优劣对比、现收现付制向基金制过渡等内容的分析为研究中国由分立的社会保障体制向统一的社会保障体制转移做了很好的铺垫。

第三章　基础理论模型：人口红利、财富积累与经济增长

　　居民的经济行为在其生命周期的不同阶段表现是不一样的。综合这些经济行为可以发现，一个国家人口结构的改变对经济增长有着很重要的影响。人口结构改变而产生的"人口红利"曾经推动了很多国家，特别是发展中国家和东亚新兴市场国家的经济增长。"人口红利"产生的原因是有效劳动力数量的增长率超过有效消费者数量的增长率，这使得人均资本收入增加，推动了经济增长。但是，这种有利于经济增长的人口结构会随着人口过渡而逐渐发生改变。

　　许多经济学家、人口学家认为，进入老龄化阶段之后，老年人口的快速增长会制约经济的发展。他们认为，过多过快的老年人口增长对于食品和自然资源的供应都是一个威胁，资源更多地配置到老年人的医疗、健康等消费环节，而不是用于生产环节，从而阻碍经济增长。在一个资源储备相对稀缺的社会中，快速增长的老年人口对医疗、健康等服务的需求给社会带来了巨大的压力。因此，目前一种流行的观点是：进入老龄化阶段之后，生育率下降，生育年龄推后，寿命延长，处于劳动年龄的人口数量下降，而对医疗、健康服务的需求加大并且消费处于一个较高水平，从而使国内产出减少，储蓄率和投资率下降，经济增长将会受到影响。

　　然而，20 世纪 80 年代以后，一些国家的历史经验让很多经济学家开始放弃了人口增长会对经济增长造成影响的观点。这一时期的经济理论在关注物质资本积累的同时，也开始注意技术进步的提高和人力资本的积累，人口理论开始研究中期和长期的情况。他们相信对于人口老龄化，市场有能力做出调整，而不影响经济的增长。Lee 和 Mason 提出了一个新的观点：人口老龄化将会产生第二人口红利，而第二人口红利的产生将会继

续推动经济增长[1]。他们认为，进入老龄化阶段后，劳动年龄人口为退休而积累资产的动机增加了储蓄，整个社会的财富增加，而有效劳动力数量下降，从而提高了每个劳动工人的生产资本，人均收入进入了一个快速增长的时期，并且会在较长的一个时期内保持在较高的水平，继续推动经济增长。

第一节　人口红利与经济增长研究的文献回顾

　　不同国家人口结构改变的程度和时间是不一样的。当欧洲和日本人口老龄化逐渐明显的时候，拉丁美洲和非洲仅刚刚开始（Bloom 和 Williamson，1998）。曾有一些经验研究表明，人口结构改变可能不会对经济发展造成影响：人口增长既不会阻碍也不会促进经济增长（Kelley 和 Schmidt，1996）。无论是从理论上还是经验上来看，人口结构改变和经济增长之间都并不是自动相关的（Bloom 和 Canning，2001；Bloom 和 Canning，2003a）。一个国家在未进入老龄化之前，大量的劳动年龄人口的存在不一定会促进经济增长；而进入老龄化的国家，劳动年龄人口的下降也不必然就使得经济增长速度放缓。例如，20 世纪东亚经济的高速增长与东亚各国人口过渡和年龄结构的改变是紧密相关的。分析结果显示，"东亚奇迹"的出现，1/3 归功于"人口红利"。然而在拉丁美洲，1965~1990 年也经历了和东亚类似的人口结构改变。但是遗憾的是，拉丁美洲的经济表现并不是很好。高通货膨胀、政治不稳定等因素阻碍了拉美很多国家利用人口红利而实现自身发展（Bloom 和 Williamson，1998；Bloom、Canning 和 Malaney，2000）。

　　进入老龄化阶段的国家往往具有以下特征：生育率下降、寿命延长、劳动年龄的人口数量减少、生产率降低、社会消费处于一个较高的水平。这些变化都会使产出减少、储蓄率和投资率下降，影响经济增长。这一观点得到了 Higgins（1998）等的支持：随着人口老龄化程度的加深，储蓄率

---

[1] Mason A. and R. Lee, "Reform and Support Systems for the Elderly in Developing Countries: Capturing the Second Demographic Dividend", http: // www.ceda.berkeley.edu/papers/rlee/, 2006.

和投资率将会下降。但是，为了使老年阶段的生活水平不受影响，人口老龄化的预期增加了对财富的需求。第一，老年人在工作时期积累了一些财富，老年人持有的财富要比年轻人多，所以社会中老年人口数量的增加会导致社会中的平均财富增加。第二，对寿命增加的预期使得劳动者在工作年龄时期要储蓄、积累更多的财富以备未来不时之需，进而加强了这种效果。第三，考虑到较低的生育率，未来家庭中孩子的数量会减少，个人为了养老将把自己更多的时间甚至老年时间（延长退休）用于赚取收入来满足以后的消费，这同样使人们考虑更多的储蓄。储蓄率下降，并不代表着整个社会中的财富下降，只是社会中财富积累的速度下降，对于每个工人的资产而言是增加的。这是因为一部分储蓄用于资本深化，增加了每个工人的资本。较高的储蓄率将会使资本深化加速，日本的历史经验就表明，人口结构改变越迅速，资本深化越快。一旦深化过程减慢或者深化过程结束，储蓄率就会下降，但无论是整个社会还是每个工人，资产都是增加的（Lee 和 Mason，2007）。此外，人力资本投资对于保证经济可持续发展是很重要的。内生决定的人力资本的增长率抵消了劳动力负增长对经济发展的影响（Shimasawa，2004）。国内学者袁志刚、宋铮（2000）在对人口年龄结构和最优储蓄率的研究中提出，老龄化引起的储蓄率降低可能是帕累托改进的一种表现。加大对教育和 R&D 的投入可以提高人力资本，只要储蓄能够转换成投资，那么单位劳动力的资本（包括物质资本和人力资本）就会提高，可以保证经济的持续增长。刘永平、陆铭（2008）从家庭养老的角度分析了老龄化后的中国经济持续增长的可能性。他们提出，人口老龄化程度的提高降低了储蓄率，但是如果储蓄率的下降带来了教育投资的上升，那么老龄化未必会引起经济增长率的下降。因此，人力资本积累速度的加快将极大地缓解老龄化给经济增长带来的负面影响。

进入老龄化阶段以后，老龄化问题的解决很大程度上取决于国家制度和政策的适宜程度以及市场的灵活程度（Bloom 和 Canning，2004）。如前文所述，面对同样的"人口窗口"，东亚国家和拉美国家的经济增长表现迥异，主要原因是这两个地区的经济政策和制度存在较大差异：首先，东亚国家在人口转变的过程中，出口导向的对外贸易政策把国内的有效劳动力利用了起来。而拉美国家并没有利用好经济全球化的大好时机，政策的初衷和最后的经济结果差异很大。国内的就业政策缺乏弹性，政策没有根据劳动力供给的变化进行动态调整。其次，东亚国家对劳动力限制性的立法约束很少，往往是一些保护性的法律，例如《最低工资法》等。最后，东亚国家活跃的金融市场为国内储蓄转换为生产投资提供了一个很好的平台。而在拉美国家，脆弱的金融体系使储蓄难以转换成投资，较大的公共赤字成为沉重的负担，高通货膨胀吞噬了人们的财富。这些因素使拉美国家丧失了良好的发展机会。Shimasawa（2004）提出，传统的内生增长模型忽略了政策的作用，因为通过养老金和财政政策的改革可以促进人力资本的积累，可以推动经济增长。Bloom 和 Canning（2004）指出，劳动年龄人口数量的增加只是提供了扩大产出的可能性，国内的就业环境和政策也是影响经济增长的重要因素，如果增加的劳动年龄人口没有被雇用，那么即使存在再多的有效劳动力，也不会推动经济增长。林忠晶、龚六堂（2007）在研究社会保障政策中养老金率的变化对经济的影响时指出，养老金费率的增加会使消费者减少接受教育的年限，但是退休年龄的延长使得工作年限增加。利率、经济增长率随着养老金率的提高而提高，在一定程度上提高养老金率对经济增长有促进作用。

Lee 和 Mason（2007）提出，财富是一个广义的概念，包括对未来产出的要求权。这些资产诸如股票、债券、票据等，在未来出售时能获得收益回报。但是，财富也可以以未来净转移的形式持有，老年人也可以从已经工作的家庭成员或者养老金计划中得到生活来源。如果人们攒钱养老是以转移财富的形式，那么将取代金融资产或者物质财富。从微观角度来看，如果一个人希望在年老时由孩子来赡养，那么储蓄和积累资产的需求就相应下降。但是从宏观层面来看，转移财富和资产是完全不同的。以资产形式持有财富可以产生利息、股利和利润等收入。转移财富没有这种作用，仅是资源从一代向另一代的重新分配。所以，人口老龄化有提高财富的效应固然重要，但更重要的是这种财富以何种形式持有。在人口红利时期，储蓄率处于一个较高的水平，进入老龄化阶段以后，储蓄率下降，处于一个较低的水平。然而，每个工人的财富得到了很快的增长并且维持在一个较高的水平。如果对家庭转移或者养老途径解决后顾之忧的依赖性降低，那么财富增加的作用将更加明显。因为转移财富的减少，资本—劳动比率与过去相比会增加，保持在一个较高的水平。

综上所述，文献回顾侧重于四个方面：第一，人口结构改变和经济增长的关系。旨在回顾人口结构改变对经济发展的影响以及人口老龄化是否一定会引起经济增长速度下降。第二，人口老龄化对国内储蓄率和财富积累的影响。进入老龄化阶段，储蓄率将会受到人口老龄化的影响，但是社会中的财富是增加的，这就为下文分析在人口老龄化背景下经济如何持续增长奠定了一个基础。第三，有利于经济发展的人口结构并不必然推动经济增长，这与一国的相关政策和制度的安排是紧密相关的，适宜的相关政策和制度也是推动经济增长的重要因素。第四，转移政策的影响。人口老龄化有增加社会财富的作用，但是财富以何种形式持有，对于经济发展的作用是不一样的。

第二节　两个人口红利：第一人口红利和第二人口红利

一、第一人口红利

在过去的几十年中，无论是日本等发达国家还是东亚的发展中国家，所经历的经济高速增长，在很大程度上是得益于"人口机会窗口"，也就是"人口红利"。Lee 和 Mason 在人口结构和经济发展关系的研究中，把这一发展时期定义为"第一人口红利"。之所以定义为"第一人口红利"是因为随着人口结构的变化，"第一人口红利"结束后还有可能为经济发展带来第二个机遇期，即"第二人口红利"。

第一人口红利是从有效劳动者 L(t) 和有效消费者 E(t) 的数量比较中得出的。在某一时刻，社会中某一年龄的人口数量是既定的，根据有效消费者和有效劳动者各自所占的比重，就可以得出某一时刻某一具体年龄的人口中有效消费者和有效劳动者的数量，然后根据年龄进行加总，得出整个社会中在某一具体时刻的有效劳动者数量和有效消费者数量。在此基础上，Lee 和 Mason 定义：支持比率（Support Ratio，SR）= 有效劳动者的数量/有效消费者的数量，即 SR(t) = L(t)/E(t)。这一比率能反映出劳动年龄人口的集中程度。当支持比率、有效劳动者数量和有效消费者数量的增长率较小时，可以近似地得到支持比率的增长率 g(SR(t)) = 有效劳动者数量的增长率 g(L(t)) − 有效消费者数量的增长率 g(E(t))。而支持比率的增长

率 $g(SR(t)) = g(L(t)) - g(E(t))$ 就是第一人口红利。生育率下降的同时，劳动年龄人口数量持续增长，当有效劳动者数量的增长率超过有效消费者数量的增长率时，得到正的第一人口红利。随着人口转移过程的继续，降低的生育率将最终会引起劳动年龄人口的缓慢增长，因此第一人口红利将会下降。由于过去较高的生育率及不断下降的死亡率，使得老年人口的增长速度加快，有效消费者的数量将比有效劳动者的数量增加得更为迅速，最终第一人口红利变为负。

二、第二人口红利

进入老龄化阶段的过程中有可能产生第二人口红利。第二人口红利来自人口结构改变的过程中，提高的收入水平、对未来不确定性的预期等因素使得社会财富积累不断增加，而老龄化使得社会中的有效劳动力数量下降，因此，资本/劳动比率是不断增加的，并且这种增加的趋势是持久的，可以推动经济的持续增长。所以，可以说第二人口红利是在第一人口红利之后自动产生的。但是，第二人口红利只是存在产生的可能性，因为它的真正实现需要政策制定者根据人口结构的改变对政策做出相应的调整。伴随着支持比率的下降，消费者要想平滑一生的消费只能通过财富积累的一些形式。总体而言，可以分为两种方式（见表3-1）。

表3-1　两种资产积累方式比较

资产的积累方式	具体特征	对经济的影响
个人和政府按照投资获利的形式积累资产	资产可以投资国内和海外	可以增加资本投入，增加有效劳动力的人均资本，提高有效劳动力的产出，促进经济的增长
个人和政府以财富转移的形式来积累资产	政府能建立类似现收现付制的养老金计划 家庭成员通过承担代际转移义务创造了转移财富	这两种体制，财富转移没有形成资本，所以不会引起消费的减少，也没有使资本投入增加，不会促进经济增长

不论是第一种形成资本的财富积累还是第二种形式的财富转移，作为在生命周期里分配资源的一种形式，都是近似替代的。但是，这两种方式有本质的不同，财富转移不会增加人均生产资本，不会提高单位资本收入，不会促进经济增长。为了便于进一步理解，定义转移政策为 $\vartheta(t)$，$\vartheta(t) \leq 1$，可以

随着时间而改变。社会总财富为 W（t），可用于生产的资产部分是社会总财富中用于转移之后剩余的部分，用 K（t）表示。三者的关系为：K（t）= W(t)(1 − 𝜗(t))。如果转移政策𝜗(t)不发生变化，那么资产的增长率等于财富的增长率。同样，资产占收入的比重也将由生命周期财富占收入的比重决定。如果转移政策𝜗（t）变大，资产的增长率小于生命周期财富的增长率。如果转移政策𝜗（t）变小，则资产的增长率大于生命周期财富的增长率。由此看出，转移政策的大小将影响可用于生产部分的资产水平。

单是转移财富不会形成第二人口红利。不论是哪种人口红利的实现，都需要政策制定者实施相应的政策作为实现人口红利的前提。第一人口红利实现需要的配套政策是保持与进入劳动年龄的人口数量相适应的就业水平；而第二人口红利的实现则需要财富积累更多用于生产资本而不是财富转移。

本节分析所用的理论模型运用了两个研究成果：第一，Lee 和 Mason（2007）提出的第二人口红利引起了社会财富的增加，有效劳动力的下降使得资本—劳动比率提高，推动了经济增长；第二，运用 Kurz（1968）研究财富效应和最优经济增长关系的理论模型，Kurz 研究了一个封闭经济体，分析财富积累对资本—劳动比率以及最优经济增长的影响。本节的分析框架是从人口老龄化引起的财富积累入手，通过资本—劳动比率将 Lee、Mason 和 Kurz 的理论结合起来，进而分析经济增长。

第三节　假设：人口老龄化背景下经济可能持续增长

人口结构改变与经济增长之间的关系是复杂的。人口老龄化给经济和社会带来的负面影响是无法回避和否认的。人口老龄化对不同国家经济的影响可能不一样。主要原因在于各国经历的时间、速度、程度以及各国经济基础的不同。本书研究的主题就是探索人口老龄化背景下经济持续增长的可能性，我们要解决的问题是如何在经济增长的框架下，探索减缓老龄化问题对经济影响的途径。这项研究对于进入老龄化的中国而言具有很重要的理论意义和现实意义。

本书采用假设—演绎的理论研究方法，提出人口老龄化下经济存在持续增长的可能性的假设，将老龄化过程中的财富积累、由教育投资增加而引起的人力资本提高以及不断提升的技术进步水平等因素纳入分析框架，在此基础上探索人口老龄化背景下经济持续增长的可能性以及弱化老龄化对经济的影响。

第四节　理论模型：财富积累与经济增长

一、财富积累

模型建立首先要考虑的是如何表示老龄化过程中社会财富的积累。

假设一：某一时刻年龄相同的消费者的收入[①]和消费水平是一样的。

为方便起见，不考虑在生命周期中的遗赠[②]，消费者受到代际预算约束的限制，财富的积累必须等于收入减去消费的现值。

假设整个社会中人们的寿命是一样的，为 m。对于一个在 t 时刻年龄为 α 的消费者而言，财富的积累等于其未来劳动收入减去消费的现值。这里用 w(α, t) 表示在 t 时刻年龄为 α 的群体消费者的财富水平，c(α, t) 表示在 t 时刻年龄为 α 的群体消费者的消费水平，y(α, t) 表示在 t 时刻年龄为 α 的群体消费者的收入水平。这样，同一年龄的群体消费者在同一时刻的财富积累水平为：

$$w(\alpha,\ t) = \int_{0}^{m-\alpha} e^{-r(t)t} y(\alpha,\ t)dt - \int_{0}^{m-\alpha} e^{-r(t)t} c(\alpha,\ t)dt^{③} \tag{3-1}$$

[①] 经济增长经常通过人均收入的增长来衡量。其中一个方法是通过每个有效消费者收入的增长进行衡量，因为这一指标考虑到了人口年龄分配和不同年龄消费者的消费水平。同样地，也可以定义每个有效工人的收入。在一个封闭经济下，每个有效工人的收入能够反映出许多因素，包括技术水平、物质资本、自然资源等，在开放经济下，每个有效工人的收入同样受到海外投资的影响。

[②] Kotlikoff 和 Summers（1981）主张家庭中 80%的财富是要被继承的。他们认为遗产是重要的，由于人们不知道他们哪一天去世，所以这种不确定性的存在决定了大多数人去世时会留下遗产。

[③] 其中，r(t) 代表在 t 时刻的利息率。

假设二： 消费者的消费水平和生产者的收入水平是随着时间改变的。

考虑到随着时间变化 ε，在 $t+\varepsilon \to t$ 时期，消费水平的增长率是 $g_c(t+\varepsilon)$，收入水平的增长率是 $g_y(t+\varepsilon)$，满足 $\lim\limits_{\varepsilon \to 0} e^{g_y(t+\varepsilon)\varepsilon} = 1$，$\lim\limits_{\varepsilon \to 0} e^{g_c(t+\varepsilon)\varepsilon} = 1$，那么：

$$c(\alpha,\ t) = \lim_{\varepsilon \to 0} c(\alpha+\varepsilon,\ t+\varepsilon) e^{g_c(t+\varepsilon)\varepsilon} \tag{3-2}$$

$$y(\alpha,\ t) = \lim_{\varepsilon \to 0} y(\alpha+\varepsilon,\ t+\varepsilon) e^{g_y(t+\varepsilon)\varepsilon} \tag{3-3}$$

为了在时间上保持一致，这里 $t+\varepsilon \to t$ 时期的利息率表示为 $r(t+\varepsilon)$，将式（3-2）和式（3-3）代入式（3-1），化简整理可得：

$$w(\alpha,\ t) = \int_0^{m-\alpha} e^{g_y(t+\varepsilon)\varepsilon - r(t+\varepsilon)\varepsilon} y(\alpha+\varepsilon,\ t+\varepsilon) d\varepsilon - $$
$$\int_0^{m-\alpha} e^{g_c(t+\varepsilon)\varepsilon - r(t+\varepsilon)\varepsilon} c(\alpha+\varepsilon,\ t+\varepsilon) d\varepsilon \tag{3-4}$$

式（3-4）即为在 t 时刻年龄为 α 的群体消费者的财富积累水平。接下来要处理的是整个社会财富积累水平的加总问题。在前面的分析中，得到的财富积累水平是在某一时刻，某一具体年龄的人们的财富水平。整个社会中在某一具体时刻拥有很多处于不同年龄的成员，所以对整个社会的财富加总可以通过年龄的变化进行处理。前面假设整个社会中人们的寿命是一样的，这样通过年龄进行加总时，可以给定一个年龄变化的上限。那么，在 t 时刻，整个社会的总财富为：

$$w(t) = \int_0^m e^{g_y(t+\varepsilon)\varepsilon - r(t+\varepsilon)\varepsilon} d\varepsilon \int_0^{m-\alpha} y(\alpha+\varepsilon,\ t+\varepsilon) d\alpha - \int_0^m e^{g_c(t+\varepsilon)\varepsilon - r(t+\varepsilon)\varepsilon}$$
$$d\varepsilon \int_0^{m-\alpha} c(\alpha+\varepsilon,\ t+\varepsilon) d\alpha \tag{3-5}$$

式（3-5）即为在某一时刻，整个社会总的财富积累水平。可以看出，式中，$\int_0^{m-\alpha} y(\alpha+\varepsilon,\ t+\varepsilon) d\alpha$ 和 $\int_0^{m-\alpha} c(\alpha+\varepsilon,\ t+\varepsilon) d\alpha$ 分别为 t 时刻所有年龄群体在寿命为 m 的前提下的总收入和总消费，$\int_0^m e^{g_y(t+\varepsilon)\varepsilon - r(t+\varepsilon)\varepsilon} d\varepsilon$ 和 $\int_0^m e^{g_c(t+\varepsilon)\varepsilon - r(t+\varepsilon)\varepsilon} d\varepsilon$ 分别为未来总收入和总消费的贴现因子，收入和消费增长率与利率的差作为贴现率把总收入和总消费贴现。收入和消费的增长率代表着在这段时期消费和劳动收入超过稳态的变化率，然而利率把消费和收入流转化成现值。

二、经济增长

本书运用 Kurz（1968）[①] 的理论模型研究人口老龄化产生的第二人口红利下财富积累和经济增长之间的关系。

1. 变量描述

Q_t 为 t 时刻的总产出；q(t) 为 t 时刻的单位资本产出；L(t) 为 t 时刻的劳动力；K(t) 为 t 时刻的资本存量；k(t) 为 t 时刻的资本—劳动比率；S(t) 为 t 时刻的总储蓄；c(t) 为 t 时刻的人均消费。

2. 模型建立

生产函数定义为：

$Q(t) = F(K(t), L(t))$

假设一：该生产函数是规模报酬不变的生产函数，$F(K, L) = Lf(K/L) = Lf(k)$，$f' > 0$，$f'' < 0$。

假设二：$L(t) = e^{nt}$，$n > 0$，且 n 是常数，n 为人口增长率。

假设三：在封闭经济条件下讨论。

$c(t) = (1-s)f(k)$，$\dot{k} = sf(k) - nk$，将 $sf(k)$ 代入 $\dot{k}$ 的表达式可得：

$\dot{k} = f(k) - c - nk$

$w = k$

假设四：$U_c > 0$，$U_{cc} < 0$，$\lim\limits_{c \to 0} U_c = +\infty$。

建立动态优化系统[②]：

$$\max V(c, k) = \int_0^\infty e^{(n-\beta)t} U(c, k)dt \tag{3-6}$$

$$\text{s.t.} \quad \dot{k} = f(k) - c - nk \tag{3-7}$$

k(0) 给定：

$k \geq 0$，$c \geq 0$

---

① Kurz M., "Optimal Economic Growth and Wealth Effects", *International Economic Review*, 9, 3, 1968.

② 这里要注意的是 $V(c) = \int_0^\infty e^{(n-\beta)t} U(c(t))dt$ 中，只有当 $n - \beta \leq 0$ 时，总效用才是收敛的，才会存在最优增长路径。

求解上述系统，构造汉密尔顿函数：

$$H(t) = e^{(n-\beta)t} U(c, k) + P_k e^{(n-\beta)t} [f(k) - c - nk] \quad (3-8)$$

求解一阶条件：

$$
\begin{cases}
\dfrac{\partial H}{\partial c} = e^{(n-\beta)t} U_c(c, k) + P_k e^{(n-\beta)t} \times (-1) = 0 \\[2mm]
\dfrac{\partial H}{\partial k} = e^{(n-\beta)t} U_k(c, k) + P_k e^{(n-\beta)t} (f'(k) - n) = 0 \\[2mm]
\dot{\lambda}(t) = \dfrac{d(e^{(n-\beta)t} P_k)}{dt} = (\dot{P}_k + P_k(n-\beta)) e^{(n-\beta)t} \\[2mm]
\dot{\lambda}(t) = -\dfrac{\partial H}{\partial k}
\end{cases}
\quad (3-9)
$$

化简整理得：

$$
\begin{cases}
U_c = P_k \\[2mm]
\dot{P}_k = -\left[\dfrac{U_k}{P_k} + f'(k) - \beta \right] P_k
\end{cases}
\quad (3-10)
$$

假设 $P_k(0)$ 给定，由上述两个条件可以得出：

P_k 的运动方程：$\dot{P}_k = -\left[\dfrac{U_k}{U_c} + f'(k) - \beta \right] P_k$，联立资本运动方程：

$\dot{k} = f(k) - c - nk$。

$$
\begin{cases}
\dot{P}_k = -\left[\dfrac{U_k}{U_c} + f'(k) - \beta \right] P_k \\[2mm]
\dot{k} = f(k) - c - nk
\end{cases}
\quad (3-11)
$$

此方程涉及三个变量：k，c，P_k。当 $\dot{k} = \dot{P}_k = 0$ 时，达到稳定点。但是，就效用函数而言，要确保均衡点的唯一性必须要有关于效用函数推导出的第三个条件，这就决定了这个系统的"鞍点"不是唯一的均衡点。除此之外，β 和 n 之间的大小差异也是系统拥有多个均衡点的原因之一。为了找出消费和资本之间的均衡点，首先要找出消费的运动方程。

对 $U_c = P_k$ 两边对时间 t 求微分，可得：

$$
\begin{cases}
U_c = P_k \Rightarrow U_{cc} \cdot \dot{c} = P_{kc} \cdot \dot{c} \\[2mm]
U_c = P_k \Rightarrow U_{ck} \cdot \dot{k} = P_{kc} \cdot \dot{k}
\end{cases}
\quad (3-12)
$$

$$\Rightarrow \begin{cases} U_{cc} \cdot \dot{c} + U_{ck} \cdot \dot{k} = P_{kc} \cdot \dot{c} + P_{kk} \cdot \dot{k} \\ \dot{U}_c = U_{cc} \cdot \dot{c} + U_{kc} \cdot \dot{k} \\ U_c = P_k \end{cases} \tag{3-13}$$

$$\Rightarrow \dot{P}_k = P_{kc} \cdot \dot{c} + P_{kk} \cdot \dot{k} \tag{3-14}$$

$$\Rightarrow \frac{\dot{p}_k}{P_k} = \left(\frac{U_{cc}}{U_c} c \right) \frac{\dot{c}}{c} + \left(\frac{U_{ck}}{U_c} k \right) \frac{\dot{k}}{k} \tag{3-15}$$

令：$\dfrac{U_{cc}}{U_c} c = -\sigma$，$\dfrac{U_{ck}}{U_c} k = \eta$，代入可得：

$$-\sigma \frac{\dot{c}}{c} + \eta \frac{\dot{k}}{k} = -\left[\frac{U_k}{U_c} + f'(k) - \beta \right] \tag{3-16}$$

整理上述方程，可得到资本和消费的动态方程：

$$\begin{cases} \dot{k} = f(k) - c - nk \\ \dot{c} = \dfrac{c}{\sigma} \left[\dfrac{U_k}{U_c} + f'(k) - \beta + \eta \left(\dfrac{f(k) - c - nk}{k} \right) \right] \end{cases} \tag{3-17}$$

可以看出，资本和消费的动态方程都是关于 c、k 的，因此，令资本、消费动态方程为：

$$\begin{cases} \varphi_1(c, \ k) = f(k) - c - nk \\ \varphi_2(c, \ k) = \dfrac{c}{\sigma} \left[\dfrac{U_k}{U_c} + f'(k) - \beta + \eta \left(\dfrac{f(k) - c - nk}{k} \right) \right] \end{cases} \tag{3-18}$$

当 $\varphi_1(c, \ k) = 0$ 时，是我们所熟悉的关于消费和资本的凹函数 $c = f(k) - nk$，消费关于资本的导数为：$\dfrac{\partial c}{\partial k} = f'(k) - n$。

纳入财富效应之后，最大的变化在于消费的动态路径。一般地，为了保证唯一带有鞍点特征的均衡点，那么在均衡点 (k^*, c^*) 要满足的条件是：

$$\left. \frac{\partial c}{\partial k} \right|_{\varphi_2(k^*, \ c^*) = 0} > \left. \frac{\partial c}{\partial k} \right|_{\varphi_1(k^*, \ c^*) = 0}$$

从图 3-1 中可以看出，资本和消费的动态方程共有 k_1、k_2、k_3、k_4、k_5 五个均衡点，最优路径穿过了这五个点。但是，在 k_2、k_4 点 $\left. \dfrac{\partial c}{\partial k} \right|_{\varphi_2(k^*, \ c^*) = 0} <$

$\left. \dfrac{\partial c}{\partial k} \right|_{\varphi_1(k^*, \ c^*) = 0}$，所以，$k_2$、$k_4$ 是不稳定的均衡点。假如，资本—劳动比率

k（0）< k_2，那么最优资本—劳动比率是 k_1，最初的资本—劳动比率 k（0）
将下降到 k_1。如果最初的资本—劳动比率 k（0）> k_2，那么最优路径是向 k_3
靠拢。如果最初的资本—劳动比率 k（0）= k_2 或者 k（0）= k_4，那么最优的资
本—劳动比率就是 k_2 和 k_4。

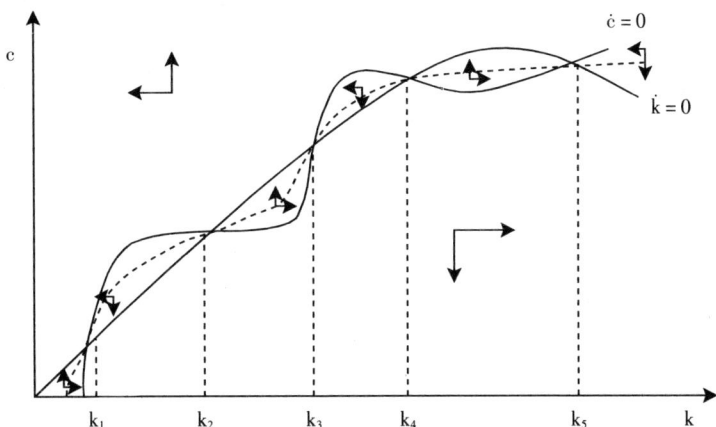

图3-1 消费、资本变化路径相位图

假设在第一人口红利时期，也即在进入老龄化社会之前，经济的资本
存量是均衡的，如在 k_1 点。随着社会的发展，第一人口红利使得社会中
的财富逐渐增加，人口结构改变带来的有效劳动力的下降使得单位有效劳
动力的人均资本增加，如图 3-1 所示，人均资本从 k_1 点向更高的地方移
动，这时会出现三种情况：①人均资本达不到 k_2 点；②人均资本正好停
留在 k_2 点；③人均资本超过了 k_2 点。

情形一：人均资本没有达到 k_2 点。

如果人均资本没有达到 k_2 点，那么人均资本将逐渐减小最终退回到 k_1
点（初始点），达到稳态。因此，同最初的均衡点相比，资本存量没有减
少，所以在发展过程中虽然经济增长率有一个下降，但是在达到均衡点时
同初始点相比，经济增长率并没有下降，也就是说人口老龄化因素并没有
引起经济增长的放缓。

情形二：人均资本正好达到 k_2 点。

如果人均资本正好达到 k_2 点，按照相图的分析，k_2 点就是一个最优的
均衡点。很明显，k_2 点同 k_1 点相比，人均资本存量明显增加，可以促进经
济增长。人口老龄化没有引起经济增长的放缓，反而促进了经济增长。

情形三：人均资本在达到 k_2 点之后，社会财富继续增加，或者有效劳动力继续下降。

人均资本在达到 k_2 点之后，社会财富继续增加，或者有效劳动力继续下降，人均资本存量继续增加，向更高的均衡点 k_3 移动。由于 k_3 点是一个稳态点，所以人均资本存量将会到达一个更高的稳态均衡点。

上述三种情况会依次出现在人口老龄化国家人口结构改变的不同时期。因为在人口结构改变的过程中，社会财富积累会处于一个逐渐增加的过程，而有效劳动力会处于一个逐渐减少的过程。因此，资本—劳动比率也就是人均资本会逐渐增加，经济是可以实现持续增长的。

本章小结

人口结构改变带来的第一人口红利提供了促进经济增长的可能性。在第一人口红利时期，如果增加的收入没有被完全消费掉，并且劳动力没有选择提前退休或者推迟进入劳动力市场，而是将一部分收入投资于人力资本、物质资本或者技术，那么在第一人口红利结束后就会进入第二人口红利时期。这一时期有效劳动力数量下降，资本持续积累，资本—劳动比率将会在较长一段时间内处于较高的水平，提高了产出，这将成为经济持续增长的重要保证。所以，在进入老龄化阶段以后，人口红利带来的财富积累可以促进经济的持续增长。

人口结构改变时期国内经济发展的相关政策和制度安排十分重要。良好的宏观经济形势、稳定的政治局势、较高的就业率，都是在人口红利时期实现经济增长的重要保证。此外，在人口红利时期对消费者的政策引导也十分重要，如果增加的收入完全用于消费或者减少了劳动供给，那么经济增长只是暂时的。

人口结构的改变会增加社会的财富积累。如果国内的金融市场能为个人和企业提供一个良好的投资场所，那么进入金融市场的资金转换成投资之后，能够推动经济的增长。相反，如果财富积累以转移支付的形式存在，比如用于政府的养老金计划或承担家庭中的代际转移义务，那么这些财富将不会形成投资，不会促进经济增长。所以，如何制定一个既能满足社会保障体系所需又能够对财富资源充分运用的转移政策，是值得深入研究的。

　　本章主要研究的是人口红利带来的财富积累对经济增长的影响，更侧重于从物质资本积累的角度去分析财富积累对经济增长的促进作用。实际上，未来的人力资本和技术水平会发生很大变化，这两个因素对未来经济增长的促进作用很大。本章在重点关注物质资本积累的同时，对人力资本和技术进步分析的缺失是不足之处，应考虑在一个更为全面的理论框架内进行分析。

第四章　理论模型的扩展：纳入人力资本和技术进步

第一节　研究背景

人口结构的改变产生的两个"人口红利"，都有可能成为经济增长的源泉。第一人口红利的产生来自有效劳动力的增长率超过了有效消费者的增长率，而第二"人口红利"的产生则是基于以下前提：人口老龄化使得有效劳动力的增长率减去有效消费者的增长率的数值逐渐下降，变为零甚至为负。在这个变化率逐渐下降的同时，有效劳动力的收入水平在不断提高，财富在这一过程中得到了积累。

但是，研究人口结构改变与经济增长之间的关系，仅从物质资本变化的角度分析是远远不够的，在新古典经济增长理论框架下，人力资本和技术进步对经济增长的影响更为重要。因此，有必要在一个考虑物质资本、人力资本和技术进步的框架下分析人口结构改变对经济增长的影响。

随着经济发展、社会进步以及生活水平的提高，各国出生率、死亡率和预期寿命的变化改变了社会中的人口结构，人口结构的改变影响了经济中的储蓄率、投资率、人力资本投资、资本回报等因素。很多涉及人口结构变化的研究是基于经济增长的框架而对教育投资、退休政策、养老保险等内容展开的。

第二节　研究方法的文献综述
——离散时间和连续时间情形

与人口结构相关的文献虽然研究的目的和方法各不相同，但是综合其分析的理论框架大致可以分为离散时间情形、连续时间情形。本节对相关文献按照上述两种情形进行综述。

一、离散时间情形的世代交叠模型

Diamond（1965）的研究奠定了离散时间情形分析人口结构变化的理论基础。假设人口不断新老交替，新人不断出生，老人不断死亡。居民生命分为两期：青年时期和老年时期。青年时期的劳动收入用于储蓄和消费，老年时期的消费来自青年时期的储蓄和利息。在随后的很多关于人口老龄化对经济增长的研究中，特别是涉及社会保障政策对经济的影响中，这种离散时间情形的分析方法得到了广泛应用。

1. 应用研究之一：养老保险与劳动力供给的关系

有研究认为养老保险政策对个体退休没有影响，Kotlikoff（1979）就持有这种观点，他认为，在很大程度上养老保险和私人储蓄呈替代关系。养老保险的作用和私人储蓄相近。因此，养老保险对于个体退休不会造成影响。然而，Feldstein（1974）、Hu（1979）、Gruber 和 Wise（1998）等的研究则认为，养老保险对于个体的退休年龄是有影响的，养老保险对个体跨期消费和储蓄都有影响。养老保险是个体退休之后的收入来源，这是一种稳定、持续的收入。个体对于退休之后收入的预期促使个体较早退出了劳动力市场。因此，要想解决工人提前退休问题，需要对个体缴纳养老金保险费进行改革，因为个体在工作时期缴纳养老保险，相当于政府对其征收了隐形税收，而这种税收在个体退休之后必然以养老金的形式予以返还。因此，降低养老金缴费水平可以解决提前退休问题。

Lau 和 Poutvaara（2006）假设资本市场完全，个人可以以零利率进行借贷。实行不同的养老金制度对人力资本具有不同的影响，提高养老金缴费率对于人力资本投资具有挤出效应，养老金缴费率的提高促使居民提前退休。

　　Martı'n Gonzalez-Eirasa、Dirk Niepelt（2008）对人口过渡时期社会保障政策的变化进行了研究，他们利用 OLG 模型对人口老龄化和社会保障政策做了预测。结果显示，人口老龄化将会导致社会保障政策的税率更高，养老金占 GDP 的比重将会提高，但是每个退休人员的养老金会降低。人口老龄化冲击均衡税率将会减少老年人的消费。他们认为，随着人口结构的改变、社会保障税率的提高，那些对劳动力供给产生扭曲的政策将不再重要，劳动力的供给可能会增加。

　　2. 应用研究之二：养老保险与储蓄的关系

　　Feldstein（1974）认为，养老保险会产生两种方向相反的效应——资产替代效应和退休效应，进而影响个人储蓄。资产替代效应是指个体可以从养老保险中获得养老金收益，由于存在上述预期，个体在工作时期增加了消费而减少了财富积累。退休效应来源于退休的养老金收入可以增加储蓄，会促使个体提前退休。因此，个人储蓄的最终变化取决于上述两种效应的对比。当资产替代效应大于退休效应时，个人储蓄就要减少；当退休效应强于资产替代效应时，个人储蓄可以增加。

　　Clarkraborty（2004）用两期 OLG 模型研究了基于个体健康的人力资本投资。他假设对健康的投资是个体从第一期生存到第二期的决定因素。个体的健康投资主要依靠政府。研究的分析结果显示，如果政府对于个体的健康投资较低，则个体的寿命较短，从而造成社会储蓄水平较低。因此，较高的死亡率造成社会储蓄不足，影响到了经济增长率。对于一些经济发展水平较低的国家，可能会存在发展陷阱。作者以此解释了资本收入比以及死亡率的不同是各国生产率存在较大差距的原因。高死亡率会导致教育的回报降低，使个体减少对人力资本的投资。

　　3. 应用研究之三：养老保险与经济增长的关系

　　Hu（1979）在经济增长的理论框架下，研究了养老保险对经济长期稳态水平的影响。作者将退休动机和遗产动机视为内生的，认为代表性个体的效用水平要在考虑其消费路径、退休年龄和遗产水平的前提下实现。Hu 进一步用一般均衡框架分析，认为通过调整养老保险制度会改变资本回报率，资本回报率的降低会使资本存量向黄金资本存量水平调节。

　　但是，养老保险的调整可能会导致劳动力市场发生扭曲。这种扭曲可能导致养老保险无法实现经济的"黄金律水平"。短期内，养老金水平的提高将提高工资水平并降低均衡状态时的就业水平，诱使退休，但在长期分析中则得到相反的结论（龚六堂、林忠晶，2008）。

二、连续时间情形的世代交叠模型

Kotlikoff（1979）把退休政策内生化，用连续时间情形模型对养老保险缴费水平进行了局部均衡分析和一般均衡分析。他认为，现收现付制度养老保险改变了均衡经济中的要素价格，而价格发生变化之后对经济个体的消费产生"收入效应"和"替代效应"。一方面，由于养老保险的增加降低了资本存量水平，从而导致个体工资下降，个体的财富减少，对其储蓄产生了负面的影响。另一方面，社会资本存量水平的下降导致利率水平上升，增加了经济个体进入老年时期的消费成本，这种作用对储蓄有积极的影响。

Blanchard（1985）和 Buiter（1988）研究了人口结构和财政政策之间的关系。Gokhale、Kotlikoff、Sefton 和 Weale（2001）对人口结构改变过程中遗赠对财富不平等因素的影响进行了研究，文中建立了纳入婚姻、生育率、死亡率、不同的回报率等因素的 OLG 模型。遗赠是由不完全的年金形式产生的。由于遗赠具有随机性，从直觉上看遗产的增加会加剧同一群体中财富的不平等性，但实际情况不是这样的，因为收入是生命周期财富积累的重要决定因素。但是潜在的遗赠过程在很大程度上和收入是不相关的，作者认为，潜在的代际财富转移不平等性主要是由技能差异、退休储蓄年金等因素造成的。如果没有社会保障的话，遗赠事实上会减少财富的不平等性，虽然程度较低。遗产造成财富不平等的程度并不高，大多数财富不平等性是源于收入的不平等性。

Kalemli-Ozean 和 Weil（2005）假设由于死亡率的降低导致了个体预期寿命的增加，但是个体的死亡具有不确定性，同时个体可以选择工作或闲暇。他们在借鉴 Blanchard 的有限期模型的基础上解释了 20 世纪推迟退休的现象。结果显示，当死亡率较高时，由于个体死亡具有不确定性，可能在享受闲暇以前就死亡。这种情形下，个体的最优行为就是一直工作到死亡，并且消费是个体在工作阶段的最优行为。相反，当死亡率较低时，在一定年龄时退休是个体的最优行为，储蓄将成为其工作时期的选择，而工作时期的储蓄是其退休之后的生活来源。

　　龚六堂、林忠晶（2008）认为 Diamond（1965）的基本框架中有个隐含的假设：假定个体生活两期，年轻期工作，年老期消费，而且两期的生命相等。然而现实情况并不是如此。例如，就中国的情况来看，目前我国平均接受教育的年限为 8~12 年，假设儿童为 7 岁入学，参加工作的年龄一般为 15~19 岁。据 2000 年劳动和社会保障部的调查发现，我国现阶段平均退休年龄为 52 岁左右，而 2000 年我国居民的预期寿命大概为 71.8 岁。可以看出，我国目前个体处于退休阶段的年限大概为 20 年，而处于工作阶段的年限为 30 年左右。因此，从这个角度来说，假定青年期和老年期的生命相等是不太适当的。而青年期与老年期的不同会直接影响个体消费者对于人力资本投资和储蓄的行为。

第三节　理论框架：基于消费者与厂商行为的局部均衡分析

　　模型的建立借鉴了 Blanchard（1985）和 Buiter（1988）的研究成果。Blanchard（1985）的分析前提是：第一，不同年龄的人口，他们的财富水平和财富组成是不同的。第二，不同年龄的人口，对财富的消费偏好是不一样的。由于以上原因，就造成了对居民的消费函数不好加总。Modigliani（1966）指出，涉及财富水平、财富组成和消费偏好时，要对总消费进行一个确切或者近似的加总是不可能的。针对这一问题，Blanchard 借鉴了 Diamond（1965）的方法，只纳入人口结构，这样就避开上述因素对加总的影响。这种方法的主要优势是具有很大的灵活性。推导总消费的两个主要假设为：第一，死亡率=出生率；第二，居民在整个生命周期中死亡的时间是不确定的。人口规模在任何时间不变。在此基础上，Blanchard 对个体和总体的消费函数进行了推导，得出的总消费函数是总的物质财富和人力财富的线性函数，并且研究了开放和封闭经济条件下的动态经济行为和稳态。Buiter（1988）的论文在很大程度上是建立在 Blanchard（1985）基础上的。Blanchard 的分析不考虑人口规模的变化，不考虑技术进步，不考虑遗产转移动机。Buiter 不再沿用人口规模不变的假设，认为出生率≠死亡率，同时，他引入了劳动力扩大型的技术进步，讨论了一个封闭的、充分就业的经济。

本书分析了代表性消费者的消费者行为、加总的消费者行为、厂商行为，并对消费者行为和厂商行为作了局部均衡分析。在分析代表性消费者的消费行为时，在消费者动态预算约束中引入养老金缴费率和家庭转移比率，为下文研究纳入人口结构的中国居民消费函数奠定了基础。

一、代表性消费者的消费行为

我们对消费者行为采用连续时间框架进行分析。t时刻，消费者行为预期最大化为 $E\int_0^\infty \ln c(s,t)e^{-(\theta+p)(t-s)}dt$。消费者行为最大化的动态优化系统为：

$$\max_{c(s,t)} \int_s^d \ln c(s,t)e^{(\theta+p)(s-t)}dt$$
$$s.t. \quad dw(s,t)/dt = r(t)w(s,t) + (1-\tau-\eta)y(s,t) - c(s,t) \qquad (4-1)$$
$$w(s,d) = 0$$

s为代表性消费者的出生时刻，c (s, t) 代表居民消费，p是死亡率，θ为时间偏好率，d为预期寿命。消费者的动态预算约束方程中，w(s, t) 代表财富，消费者在t时刻以利率r(t) 得到利息收入r(t)w(s, t)。y(s, t) 代表居民收入。τ为养老金费率，在居民工作时期τ是正值，代表居民所承担的社会缴费义务，在居民退休时期τ为负值，表示居民从政府那里得到的养老金收入；η为转移支付比率，衡量居民在工作时期向家庭中的老年人提供的转移支付，在退休时期η为负值，表示得到家庭的转移支付。为了防止居民陷入无限债务，同时不考虑居民的遗产，我们设定w(s, d) = 0。

将消费者的动态预算约束条件两边乘以 $e^{-\int_t^v r(u)du}$，运用边界条件w(s, d) = 0，定义人力资本 $h(s,t) = \int_t^d y(s,v)e^{-\int_t^v r(u)du}dv$，整理消费者行为动态约束方程[①]，可得：

_____

① 整理过程参见附录一。

$$\int_t^d c(s, v)e^{-\int_t^v r(u)du} dv = w(s, t) + (1 - \tau - \eta)h(s, t) \tag{4-2}$$

用动态规划方法求解系统得到个体居民的消费函数[①]：

$$c(s, t) = (\theta + p)[w(s, t) + (1 - \tau - \eta)h(s, t)] \tag{4-3}$$

可见，代表性消费者的消费以 $(\theta + p)$ 的比率取决于物质资本，以 $(\theta + p)(1 - \tau - \eta)$ 的比率取决于人力资本。

二、消费者行为的加总

我们的分析假定社会中的人口规模是发生变化的。假设在初始时刻人口数量为 $V(0) = v(0, 0) = 1$，出生率为 $\beta > 0$。在 s 时刻出生的群体到了 t 时刻，人口数量为 $v(s, t) = \beta e^{-pt}e^{\beta s}$。而 $s \in [0, t]$，因此在 t 时刻的总人口数量为 $v(t) = \beta e^{-pt}\int_0^t v(s, t)e^{\beta s}ds$。

我们根据总人口数量对物质资本进行加总可得：

$$W(t) = \int_0^t w(s, t)\beta e^{-pt} e^{\beta s} ds \tag{4-4}$$

物质资本的运动方程为：

$$\dot{W}(t) = r(t)W(t) + (1 - \tau - \eta)Y(t) - C(t) \tag{4-5}$$

对于人力资本 $h(s, t) = \int_t^d y(s, v)e^{-\int_t^v r(u)du} dv$，在 t 时刻总的人力资本为：

$$H(t) = \int_0^t h(s, t)\beta e^{\beta s} e^{-pt} ds$$
$$= \int_0^t \left\{ \int_t^d y(s, v)e^{-\int_t^v r(u)du} dv \right\} \beta e^{\beta s} e^{-pt} ds \tag{4-6}$$
$$= \int_t^d \left[\int_0^t y(s, v)\beta e^{\beta s} e^{-pt} ds \right] e^{-\int_t^v r(u)du} dv$$

用 Y（v）代表在 s 时刻出生的群体在 t 时刻总的人力资本，令 $Y(t) = \int_0^t y(s, v)\beta e^{\beta s}ds$。代入式（4-6）可得：

---

① 求解过程参见附录二。

$$H(t) = \int_t^d Y(v)e^{-\int_t^v [r(u) + p]du} dv \qquad (4-7)$$

人力资本的运动方程为：

$$\dot{H}(t) = [r(t) + p]H(t) - Y(t) \qquad (4-8)$$

整理可得总消费函数：

$$C(t) = (\theta + p)[w(t) + (1 - \tau - \eta)H(t)] \qquad (4-9)$$

三、引入技术进步——劳动力扩大型

哈罗德中性技术的最突出特点是，如果用图形表示，对于任何给定的 K/Y 值，尽管生产函数发生移动，但在不同生产函数曲线上的相应点的斜率（资本的边际产量）始终保持不变（见图 4-1）。

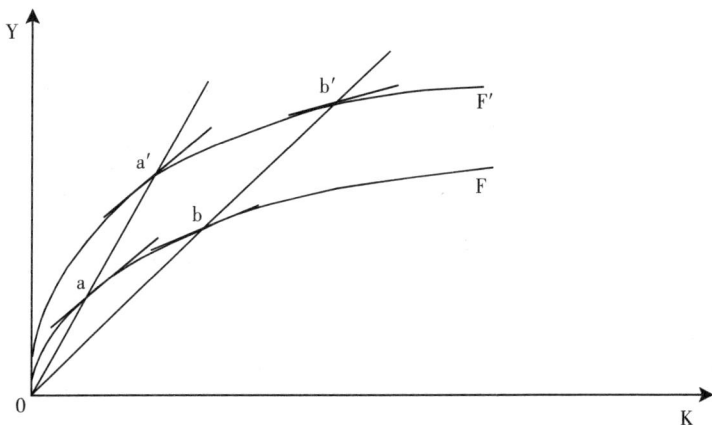

图 4-1　哈罗德中性技术进步

不难看出，通过对原生产函数进行"射线延伸"，即可得到新的生产函数，但在任何过原点的射线上，新旧生产函数的斜率必须相等。容易证明，由于对应于给定的 K/Y 值，新、旧生产函数的斜率不变，收入在资本和劳动之间的分配将保持不变，即（rK/wL）= 0。因此可以证明，技术进步为哈罗德中性型的生产函数的一般形式为：Q = F(K，(b)L)。

这就是说，哈罗德中性型技术进步即为劳动—扩大型技术进步[1]。

----

[1] 余永定：《开放宏观经济学——理论与中国问题》，中国社会科学院 A 类重大课题 2008 年。

应该指出，技术进步可以同时是希克斯中性和哈罗德中性的，其必要条件是劳动和资本的替代弹性为 1。而著名的柯布—道格拉斯生产函数具有这一性质，所以，考虑到技术进步的柯布—道格拉斯函数既是希克斯中性的又是哈罗德中性的。

这里引入劳动力扩大型技术进步，也就是哈罗德中性技术进步，π 为技术进步。

$$H(t) = \int_t^d Y(v)e^{-\int_t^v [r(u) + p + \pi]du} dv \tag{4-10}$$

$$\dot{H}(t) = [r(t) + p + \pi]H(t) - Y(t) \tag{4-11}$$

这时，我们整理消费函数、物质资本和人力资本的运动方程，省去时间因子 t，可得：

$$C = (\theta + p)[w + (1 - \tau - \eta)H]$$

$$\dot{W} = rW + (1 - \tau - \eta)Y - C \tag{4-12}$$

$$\dot{H} = (r + p + \pi)H - Y$$

整理上述方程组，可得到消费的运动方程：

$$\dot{C} = (r - \theta + \pi)C - (\theta + p)(p + \pi)W \tag{4-13}$$

四、厂商行为

我们研究封闭经济下的厂商行为，全部的物质财富 W 等于生产资本 K。物质资本等于 K。资本的边际净产出是利息率，是资本的函数，记为 r(K)。非利息收入是工资收入（劳动收入），记为 w。假设人口规模等于劳动力规模等于 1，则产出等于资本收入加上劳动收入，即 $F(K) = r(K)K + w$。

生产函数形式为 $Y = F(K, L)$，规模报酬不变。不考虑人口增长率和生产资本的折旧，生产资本 K 的运动方程为 $\dot{K} = F(K) - C$。

五、消费者行为和厂商行为的局部均衡分析

$$\dot{C} = (r(K) - \theta + \pi)C - (\theta + p)(p + \pi)K$$

$$\dot{K} = F(K) - C$$

(4-14)

这里，利率是资本存量的函数。

从消费者和厂商均衡得出的非线性系统中可以看出，这个系统的均衡点 (c^*, k^*) 在 $\dot{c} = \dot{k} = 0$ 时得到。均衡点是存在的，并且是唯一的。

下面证明均衡点是鞍点稳定。分析非线性系统的均衡点 (c^*, k^*) 的稳定性需要借助于均衡点 (c^*, k^*) 在附近的线性系统的稳定性。在一定条件下，线性系统的稳定性可以推广到非线性系统的稳定性。对应于非线性系统在均衡点附近的稳定性就是该非线性系统在均衡点的一阶 Taylor 展开[①]：

$$\dot{C} = F(C, K) = F(C^*, K^*) + F_C(C^*, K^*)(C - C^*) + F_K(C^*, K^*)(K - K^*)$$

$$\dot{K} = G(C, K) = G(C^*, K^*) + G_C(C^*, K^*)(C - C^*) + G_K(C^*, K^*)(K - K^*)$$

(4-15)

可得：

$$\begin{pmatrix} \dot{C} \\ \dot{K} \end{pmatrix} = \begin{pmatrix} F_C & F_K \\ G_C & G_K \end{pmatrix} \begin{pmatrix} C - C^* \\ K - K^* \end{pmatrix}$$

将式（4-15）代入可得矩阵：

$$\begin{pmatrix} F_C & F_K \\ G_C & G_K \end{pmatrix} = \begin{pmatrix} r(K) - \theta + \pi & r'(K)C - (\theta + p)(p + \pi) \\ -1 & F'(K) \end{pmatrix}$$

(4-16)

求解特征值方程，可得：

$$\lambda^2 - [F'(K) + r(K) - \theta + \pi]\lambda + F'(K)[r(K) - \theta + \pi] + r'(K)$$

$$C - (\theta + p)(p + \pi)$$

(4-17)

如果所有特征根的实部都为负，系统就是全局稳定的，从任何初始值出发，系统都将收敛于稳态。如果所有特征根的实部都为正，系统就是全局不稳定的。除非系统的初始值就是稳态，否则从任何其他初始值出发，

---

① 龚六堂：《动态经济学方法》，北京大学出版社 2002 年版，第 61 页。

系统都将是发散的。如果特征根为一正一负，系统是鞍点稳定的。在这种条件下，系统要收敛于稳态，在理性预期假定下，经济单位可以找到鞍径，有关变量可以从任意一点跳跃到鞍径上，然后沿此鞍径趋于稳态。

$$\lambda_1 \lambda_2 = F'(K)[r(K) - \theta + \pi] + r'(K)C - (\theta + p)(p + \pi) \qquad (4-18)$$

因为遵循资本边际收益递减规律，$r'(K) < 0$，消费大于零。所以 $r'(K)$ $C < 0$。这里定义两个资本的边际收益：$r(K^*) = \theta - \pi$，$r(K^{**}) = \theta + p$。$\dot{C} = 0$ 的运动轨迹向上，从原点出发，渐进逼近 K^*。$\dot{K} = 0$ 沿着生产函数的轨迹变化。

稳态使得 $\bar{r}$ 是介于 $\theta - \pi$ 和 $\theta + p$ 之间的。当 $\bar{r} > \theta - \pi$ 时，$K < K^*$；当 $r < \theta + p$ 时，$K > K^{**}$。假设 $\bar{r} \geq \theta + p$，于是就有 $(\bar{r} - \theta + \pi)\bar{C} \geq (p + \pi)\bar{C}$。当消费达到均衡时，$\dot{C} = 0$，$(r(K) - \theta + \pi)\bar{C} = (\theta + p)(p + \pi)\bar{K}$。可以推出 $(\theta + p)$ $(p + \pi)\bar{K} \geq (p + \pi)\bar{C}$，化简可得：$(\theta + p)\bar{K} \geq \bar{C}$。当资本存量达到均衡时，$\dot{K} = 0$，$F(\bar{K}) = \bar{C}$，可以推出 $(\theta + p)\bar{K} \geq F(\bar{K})$，生产函数由资本和劳动决定。在均衡时，产出等于资本收入加劳动收入，也即 $F(K) = r(K)K + w$。因为假设 $\bar{r} \geq \theta + p$，在均衡时，$\bar{r}\bar{K} > F(\bar{K})$ 是不可能的，所以有 $\theta - \pi \leq r(K) < \theta + p$。

这里继续讨论特征值的符号。因为 $\bar{r} < \theta + p$，可以推出 $\bar{r} - \theta + \pi < p + \pi$。在均衡时，可以得到：$[r(\bar{K}) - \theta + \pi]F'(\bar{K}) = [r(\bar{K}) - \theta + \pi]r(\bar{K})$。因此，可以得到：$[r(\bar{K}) - \theta + \pi]r(\bar{K}) < (p + \pi)(p + \theta)$。至此，可以判定：$\lambda_1 \lambda_2 = F'(K)[r(K) - \theta + \pi] + r'(K)C - (\theta + p)(p + \pi) < 0$，系统是鞍点稳定的。

在图 4-2 中，我们定义三个最优资本存量，K^*、K^{**} 和 K^{***}。利率是资本边际收益，是资本存量的函数。令 $r(K^*) = \theta - \pi$，$r(K^{**}) = \theta$，$r(K^{***}) = \theta + p$。K^* 为考虑劳动力扩大型技术进步时修正的黄金资本存量，K^{**} 是不考虑劳动力扩大型技术进步时修正的黄金资本存量，K^{***} 是两种情形资本存量的下限。K_{gold} 是黄金资本存量。

资本和消费的动态运动方程决定了微分方程的特征根一个为正，一个为负，存在着一条且仅一条趋于稳态的收敛路径，即鞍点路径 Saddle-Path，SS 和 RR 即是两条鞍点路径。对于考虑劳动力扩大型技术进步的情形，我们已经证明其稳态时是鞍点稳定。对于不考虑劳动力扩大型技术进步的情形，也可以证明是鞍点稳定的。在不考虑技术进步时，经济均衡的

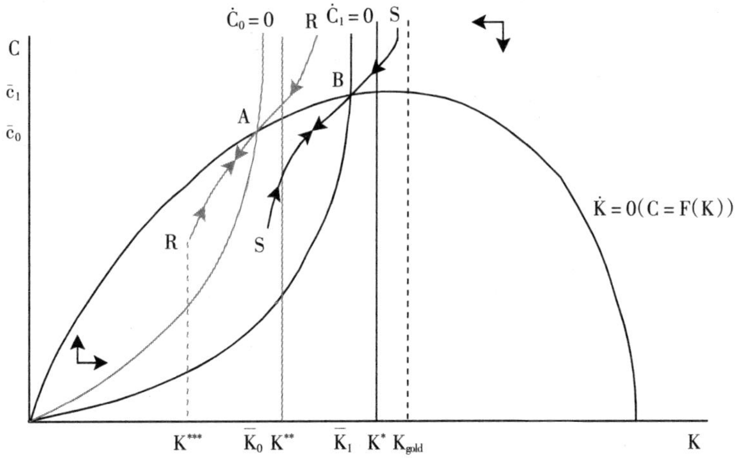

图4-2 资本和消费变化的相位图

资本存量是$\overline{K}_0$，消费是$\overline{C}_0$；考虑技术进步时，经济均衡时的资本存量是$\overline{K}_1$，消费是$\overline{C}_1$。

当考虑技术进步时，修正的资本存量由K^{**}增加到K^*，向黄金资本存量靠拢。这是因为技术进步的提高使得资本存量增加，资本的边际产出减少，向修正的黄金资本存量靠近。可以看出，老龄化下经济增长将取决于时间偏好率和技术进步，时间偏好率代表社会的老龄化程度。老龄化程度的加剧将会引起时间偏好率的增加，如果技术进步的上升程度能够抵消时间偏好率的上升，那么修正的黄金资本存量将保持在一个较高的水平，老龄化下经济能实现持续增长。如果技术进步不能抵消时间偏好率的上升，则修正的黄金资本存量将减少，均衡时的资本存量和消费将减少，老龄化将影响经济增长。

第四节　关于消费函数的几个命题

一、物质财富和人力资本对消费函数的影响

总消费函数形式：$C = (\theta + p)[W + (1 - \tau - \eta)H]$。

命题一：进入老龄化社会的过程中，随着居民财富水平的增加，储蓄水平有可能增加，也有可能减少。

证明：对消费求物质财富的偏导数，可得：$\partial C / \partial W = (\theta + p)$。随着社会老龄化程度的提高，居民会更看重当期消费，时间偏好率增加，死亡率下降。因此，增加的财富用于消费的部分是减少还是增加，取决于时间偏好率的上升程度和死亡率的下降程度。如果时间偏好率的上升程度小于死亡率的下降程度，储蓄水平将提高；反之则相反。

命题二：进入老龄化社会的过程中，如果提高养老金缴费率 τ 和年轻人向家庭中老年人的转移支付比例 η，社会消费水平将降低。

证明：对消费求人力财富的偏导数，可得：$\partial C / \partial H = (\theta + p)(1 - \tau - \eta)$。如果提高养老金缴费率和家庭转移支付比率，将会降低社会的消费水平，这是因为，人力财富主要来自年轻人的工资收入，提高这两个比率，则会降低年轻人当期的可支配收入，在不考虑资本市场可以借贷的情况下，年轻人的消费水平降低，从而使得社会总的消费水平下降。

二、总消费函数的命题证明：两种情形

如果对社会人口以青年人和老年人加以区分，只考虑年龄为 15~80 岁的群体，对于青年人而言，养老金缴费率和家庭转移比率为正，代表青年人要缴纳养老金费用及向家庭中的老年人转移正的支付；对于老年人而言，其消费函数中的养老金缴费率和家庭转移比率为负值，代表老年人获得养老金收入及向家庭中子女的负向转移。

为了使分析贴近现实，我们做两个假设：第一，老龄化社会中青年人

的养老金缴费不足以支付老年人的养老金，不足部分由政府养老支出弥补；第二，代表性消费者年轻时期向家庭中老年人转移支付的现值和其在年老时期得到家庭中青年人的转移支付现值是相等的。以 W(t)、H(t) 和 G(t) 分别表示在 t 时刻整个社会的物质资本、人力资本和政府养老支出，因此，我们可以得到在 t 时刻由社会总的物质资本、人力资本和政府养老支出表示的总消费函数：$G(t) = (\theta + p)[W(t) + H(t) + G(t)]$。

可以看出，总消费函数的一般形式发生了变化，养老金缴费率和家庭转移支付比率不再对总消费函数产生影响，而政府养老支出将进入消费函数。由此，我们得出了在 t 时刻社会消费函数的一般形式：$C = C(\theta, p, W, H, G)$，整个社会消费受时间偏好率、死亡率、物质资本、人力资本和政府养老支出的影响。

进入老龄化时期的一个特征就是人口预期寿命延长、死亡率下降、老年人口数量上升。具体到消费函数 $C = C(\theta, p, W, H, G)$，我们用时间偏好率和死亡率来刻画进入老龄化社会的特征。时间偏好率（The Rate of Time Preference）越大意味着居民对现在的效用越重视，而未来的效用对居民来说价值越小，因而，未来效用在居民消费函数中的权数也就越小。一个国家在老龄化的过程中居民更倾向于当期消费，平均时间偏好率有提高的趋势。随着国内经济的发展、居民生活水平的提高和医疗保障服务的改善，国内人口的死亡率降低。因此，老龄化对消费函数的最终影响取决于人口死亡率下降的程度和消费者对当期消费的重视程度。

情形一：（θ+p）不等于常数。

将式（4-21）两边除以国内产出 Y(t)，并舍去时间因子，用 S 表示储蓄率，用 R_w 表示物质资本占 GDP 的比重，用 R_h 表示人力资本占 GDP 的比重，用 R_g 表示政府养老支出占 GDP 的比重，经过化简我们可以得到：$S = 1 - (\theta + p)(R_w + R_h + R_g)$。

命题一： 当物质资本、人力资本和政府养老支出占 GDP 的比重不发生变化时，一国在进入老龄化的过程中，国内储蓄率可能提高，也可能下降。

证明： 当国内的物质资本、人力资本和政府养老支出占 GDP 的比重不发生变化时，在国内老龄化程度不断提高的过程中，时间偏好率增加，国内总消费更倾向于当期消费。与此同时，国内人口的死亡率由于医疗保障服务的改善而逐渐降低。因此，国内储蓄率的最终水平是提高还是下降将取决于死亡率的下降程度和时间偏好率的提高程度。

如果死亡率下降程度大于时间偏好的提高程度，$(\theta + p)$ 将下降，这一时刻国内消费水平将下降，储蓄率水平将上升。相反，如果死亡率下降程度低于时间偏好率的提高程度，$(\theta + p)$ 将上升，这时国内消费水平将上升，储蓄率将下降。

命题二：当时间偏好率、死亡率、人力资本占 GDP 的比重以及政府养老支出占 GDP 的比重不发生变化时，国内储蓄率的下降将引起国内物质资本占 GDP 比重提高，对于经济增长的促进作用有限。

证明：当时间偏好率、死亡率、人力资本占 GDP 的比重以及政府养老支出占 GDP 的比重不发生变化时，国内储蓄转化为物质资本，储蓄率将下降，而物质资本占 GDP 的比重将提高，物质资本占比的提高将可以促进经济增长。但无论是理论研究还是实际经验研究都表明，增加物质资本投资对一国经济增长的边际贡献是递减的，储蓄率的下降对经济增长将会造成影响。

命题三：当时间偏好率、死亡率、物质资本占 GDP 的比重以及政府养老支出占 GDP 的比重不发生变化时，国内储蓄率的下降将引起国内人力资本占 GDP 比重提高，促进经济增长。

证明：当时间偏好率、死亡率、物质资本占 GDP 的比重以及政府养老支出占 GDP 的比重不发生变化时，将国内储蓄投资于人力资本，储蓄率将下降，而人力资本占 GDP 的比重将提高。一国由于人口老龄化而引起储蓄率下降时，如果储蓄更多地用于教育等人力资本投资，则人力资本的提高将促进经济增长。

这一命题的证明有重要的含义。人口老龄化可能会引起国内储蓄率的降低，但是国内储蓄率的降低如果是因为人们把资金投资到对促进经济增长更为有效的人力资本，那么经济增长将不会受人口老龄化的影响。袁志刚、宋铮（2000）在对人口年龄结构和最优储蓄率的研究中提出，老龄化引起的储蓄率降低可能是帕累托改进的一种表现。加大教育投入可以提高人力资本，那么单位劳动力的资本（包括物质资本和人力资本）就会提高，可以保证经济的持续增长。刘永平、陆铭（2008）从家庭养老的角度分析了进入老龄化后中国经济持续增长的可能性，他们提出，人口老龄化程度的提高降低了储蓄率，但是如果储蓄率的下降带来了教育投资的上升，那么老龄化未必会引起经济增长率的下降。因此，人力资本积累速度的加快将极大地缓解老龄化给经济增长带来的负面影响。这里所得出的结论和上述学者的两项研究得出的结论相同。

命题四： 当时间偏好率、死亡率、物质资本占 GDP 的比重以及人力资本占 GDP 的比重不发生变化时，政府养老支出占 GDP 的比重增加，对经济增长的促进作用有限。

证明： 当时间偏好率、死亡率、物质资本占 GDP 的比重以及人力资本占 GDP 的比重不发生变化时，政府养老支出的扩大将使得政府养老支出占 GDP 的比重增加。当一国老龄化程度提高后，政府负担的老年人养老支出增加，减少了国内储蓄，降低了国内储蓄率。只有当政府养老支出完全用于老年人消费时，才能保持经济增长水平。但是，由于受边际消费倾向小于 1 的影响，储蓄率的下降对经济增长将会造成影响。

情形二： $(\theta + p)$ 等于常数。

在两部门模型中，国民收入 Y = 国民储蓄 S + 国民消费 C。下面我们比较两个时刻的情形：$Y_0 = C_0 + S_0$，$Y_1 = C_1 + S_1$。两式相减可得：$S_1 - S_0 = Y_1 - Y_0 - (C_1 - C_0)$。由于进入老龄化的社会具有时间偏好率上升以及死亡率下降的特征，为了分析方便，我们假设 $\theta_0 + p_0 = \theta_1 + p_1$，且 $\theta_1 > \theta_0$，$p_1 < p_0$。这表示在老龄化的过程中消费者消费的时间偏好率不断提高，而消费者的死亡率不断下降，时间偏好率提高的幅度等于死亡率下降的幅度。也就是说，时间偏好率与死亡率之和在老龄化的过程中保持不变。

我们对 $(S_1 - S_0)/Y_0 = (Y_1 - Y_0)/Y_0 - (C_1 - C_0)/Y_0$ 进行简化整理[①]，并假设时间是无限连续可分的，可得：$R_S \cdot \dfrac{S}{Y} \left[1 + (\theta + p)\left(\dfrac{dW}{dS} + \dfrac{dH}{dS} + \dfrac{dG}{dS}\right)\right] = g$。

g 为经济增长率，S 为储蓄率，R_S 为储蓄的变化率，$\dfrac{dW}{dS}$ 为储蓄转化为物质资本的程度，$\dfrac{dH}{dS}$ 为储蓄转化为人力资本的程度，$\dfrac{dG}{dS}$ 为储蓄转化为政府养老支出的程度。为分析简便，假设储蓄的变化率 R_S 保持不变。

根据上式提出下列命题，讨论经济持续增长的条件。

命题一： 当储蓄率下降幅度为 q 时，假设储蓄只转换为物质资本，人力

---

① 推导过程参见附录三。

资本和政府养老支出不发生变化。当物质资本的增加幅度为 $dW/dS \cdot 1/(1-q) + q/(1-q) \cdot (\theta+p)$ 时，经济增长速度可以保持不变。

　　证明：[1] 在老龄化的过程中，如果时间偏好率和死亡率之和不发生变化，可以将国内储蓄投资于物质资本，物质资本的提高将促进经济增长。但是，无论是理论研究还是实际经验研究都表明，增加物质资本投资对一国经济增长的边际贡献是递减的。经济要想走向更高的发展路径，其对物质资本投资的依赖程度是有限的。

　　命题二：当储蓄率下降幅度为 q 时，假设储蓄只转换为人力资本，物质资本和政府养老支出不发生变化。当人力资本的增加幅度为 $dH/dS \cdot 1/(1-q) + q/(1-q) \cdot (\theta+p)$ 时，经济增长速度可以保持不变。

　　证明：[2] 在老龄化的过程中，如果时间偏好率和死亡率之和不发生变化，并且储蓄可以转化为人力资本，诸如增加对教育的投资，人力资本的提高将促进经济增长。

　　命题三：当储蓄率下降幅度为 q 时，假设储蓄只转换为政府养老支出，物质资本和人力资本不发生变化。当政府养老支出的增加幅度为 $dG/dS \cdot 1/(1-q) + q/(1-q) \cdot (\theta+p)$ 时，经济增长速度可以保持不变。

　　证明：[3] 在上面的模型中，政府的养老支出是影响消费函数的重要变量。如果政府养老支出加大提高了退休人员的养老金收入水平，退休人员养老金收入水平的提高，将增加社会的消费需求，从而推动经济增长。这一点对于在当前宏观经济政策中，通过连续提高退休人员的养老金收入水平来增加内需提供了一个理论支撑。

本章小结

　　本章我们解释了两个人口红利，运用理论模型分析了在第一人口红利

---

①推导过程参见附录四。
②推导过程参见附录四。
③推导过程参见附录四。

结束之后，居民收入水平的提高和对未来养老的预期，使得居民财富积累增加，并且论证了有效劳动力的减少使得物质资本—劳动比提高，使经济可以维持在一个较高的增长路径上。

但是，仅从物质资本角度研究人口老龄化对经济的影响是不充分的，物质资本、人力资本和技术进步也是影响经济增长的重要因素。本章从消费者行为出发，运用连续时间情形的世代交叠模型推导出了纳入缴纳养老金缴费率和家庭转移的居民消费函数。模型中引入了劳动力扩大型的技术进步，建立了包含物质资本、人力资本和技术进步在内的完整的新古典经济增长分析框架。在消费者行为和厂商行为的局部均衡分析中，我们用时间偏好率表示老龄化程度，时间偏好率越高表示老龄化程度越高，时间偏好率越低表示老龄化程度越低。由人力资本增加而引起的技术进步的提高则成为老龄化社会中经济持续增长的重要保证。理论模型分析的结论是：老龄化社会中资本存量边际收益的大小取决于时间偏好率和技术进步之差。如果时间偏好率上升的程度超过技术进步，那么资本边际收益增加、资本存量减少，影响经济增长；如果时间偏好率上升的幅度被技术进步所抵消甚至超过，则资本边际收益减少、资本存量增加，向黄金资本存量靠拢，经济增长不受老龄化因素的影响。

我们对推导得出的总消费函数提出了命题并予以论证，得出了以下结论：进入老龄化社会的过程中，随着居民财富水平的增加，储蓄率有可能提高，也有可能降低。进入老龄化社会的过程中，如果提高养老金缴费率 τ 和年轻人向家庭中老年人的转移支付比例 η，社会消费水平将降低。此外，我们分两种情形讨论了储蓄率下降对经济增长的影响，两种情形得出的结论相似：如果储蓄率下降只是引起物质资本和政府养老支出占 GDP 比重的上升，由于受边际收益递减规律以及边际消费倾向小于 1 的影响，物质资本和政府养老支出对经济增长的促进作用将是有限的。但是如果储蓄率下降是投资于人力资本，而人力资本对产出的促进作用不受规模报酬递减规律的影响，则投资人力资本将是规避老龄化因素对经济增长影响的重要途径。

第五章 理论模型的验证：人口老龄化背景下的日本经济

20 世纪的日本经济快速发展，用了短短 20 多年的时间赶上了欧美发达国家，出色的经济表现为全世界所瞩目。进入 21 世纪，日本经济同样为世界所关注。然而，与上次不同的是，人们关注的焦点是日本的人口老龄化。在经历了 20 世纪的人口爆炸之后，日本国内生育率逐渐降低，年轻人的结婚年龄和生育年龄不断推后。由于日本良好的医疗和健康服务，人们的预期寿命不断增加，赡养率不断提高，劳动年龄人口占总人口的比重不断下降。基于上述人口结构变化的特征事实，不少专家和学者对人口老龄化背景下的日本经济做了研究，得出的结论也是见仁见智。

日本是世界上老龄化速度最快的国家，对于认识人口结构改变对经济的影响以及采取何种措施来应对，没有现成的经验可借鉴。对人口老龄化下日本经济的研究对于中国应对老龄化问题具有重要的现实意义。

对日本在过去 40 年人口结构变化的回顾，是本书探讨老龄化背景下日本经济的基础。本书更多地是从人口规模、人口增长率、生育率、预期寿命和赡养率等几项有代表性的人口指标出发，分析日本人口结构的变化，说明日本老龄化的进程。

在人口结构转变的过程中，日本的经济、文化和社会也在发生着变化。本书从微观家庭层面和宏观经济层面，对日本在人口结构转型中出现的特征事实予以描述。如果说宏观层面的分析对于日本经济的走向能做一个大致判断的话，那么微观层面的描述将是理解这一变化趋势的必要基础。在这部分的分析中，本书了解到日本较低的失业率其实并不意味着日本的劳动力得到了充分的利用；退休年龄早于西方发达国家的政策可能是日本寻找新的劳动力供给的突破点；日本的社会保障体系在经济的快速发展下不断地完善和发展，全民的养老和医疗保障的确让日本的年轻人和政府承担着不小的压力，然而日本政府也在积极探索一条既能减轻年轻人负担又能解决老年人养老问题的道路；富有的老年人其实并没有因为养老问题给家庭带来负担，相反，他们为孩子甚至孙子提供着资金支持，这些老年人对于家庭转移计划其实并不在意；日本的老年人拥有很多财富并且接受过良好的教育，而这些都可能是未来日本经济发展的金融资源和人力资源。日本宏观经济虽然经历了低迷的时期，但是其经济表现仍然是发达国家中最好的，过去20多年稳定的储蓄率和投资率使得日本的经济表现仍然十分抢眼。国内的高储蓄在满足国内投资之后，逐渐增加的海外投资使日本获得了丰厚的投资收益，日本分享着经济全球化和一体化带来的巨大益处。这将有助于把日本的储蓄维持在一个较高的水平，并且这一趋势在未来将会继续保持下去。至此，可以判断，人口老龄化下日本经济存在持续增长的可能性。

第一节　日本人口结构变化

日本的生育率（每名妇女平均育儿数量）1960~1974年基本上都保持在2以上（见图5-1）。1966年是一个例外，这一年日本的生育率骤然下降到1.58，同期人口增长速度明显下降，这与人口增长率（见图5-2）的变化趋势一致。从1975年的1.91开始，日本的生育率就降到2以下水平，2005年日本的生育率降到了1.32，成为过去50多年的生率育最低点。之后生育率略有增长，但也仅保持在1.4水平上下。世界银行曾经预测，未来十年，日本的生育率将维持在1.3~1.4。日本生育率水平的不断降低，主要是因为未婚女性数量增加，结婚年龄推迟，生育年龄推后。

很多相关研究提及通过提高生育率来延缓日本的人口老龄化问题，虽然从1990年开始，日本就出台了相关的政策，但从目前的情况来看，效果不是很理想。从国际经验来看，西方国家也没有较好的办法来提高生育率。曾有一种观点认为，未来的日本可以通过移民来解决劳动力供给不足的问题，其实这一办法只能是停留在理论层面，对于改变实际情况而言，几乎没有什么效果，因为日本的社会和文化传统对于吸引大量移民来说可能就是一个最大的障碍。

随着日本社会保障体系的日臻完善、社会保障投入的不断加大、医疗

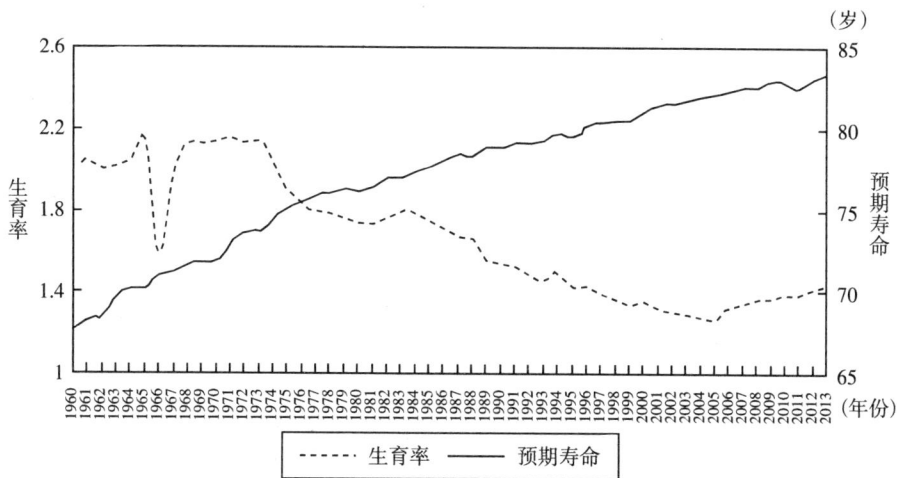

图 5-1　1960~2013 年日本生育率和预期寿命的变化

数据来源：World Bank，2015.

和健康服务水平的不断提高，国民健康状况不断改善，人均寿命在不断增加，处于世界领先的水平。图 5-1 中的数据显示，2013 年日本国民预期寿命已达到 83.33 岁，仅次于中国香港，位居世界第二。2013 年，日本男性的预期寿命达到了 80.21 岁，居世界第五，位列冰岛（81.8 岁位居第一）、中国香港、瑞士和以色列之后；女性的预期寿命 86.61 岁，仅次于中国香港的 86.7 岁，居世界第二。然而，问题随之而来，老年人预期寿命的不断增加、老年人数量的不断增多、社保成本大幅上升，对于日本政府来说是一个极大的挑战。

　　第二次世界大战以后，趋于缓和的国际政治局势与逐渐恢复的经济环境，使得很多国家出现了人口数量的较快增长。1960 年日本的人口数量为 9400 万人，此后每年的新增人口平均将近 71 万人。1967 年人口规模突破了 1 亿人，同 1960 年相比，人口增长了 6.38%，此后，日本的生育率从 1975 年的 1.91 开始逐渐下降，到 2013 年时生育率为 1.43，并且在 2005 年达到历史低点，为 1.26。2010 年日本的人口规模达到了历史高点，为 1.28 亿人，同 1960 年相比，日本的人口数量增加了 36.2%；同 1967 年相比，人口数量增长了 28%。从 2011 年开始，日本人口数量逐渐开始下降，降至 1.27 亿人（见图 5-2）。

　　1960~2014 年，日本人口增长率的变化大致可以分为四个阶段：1960~

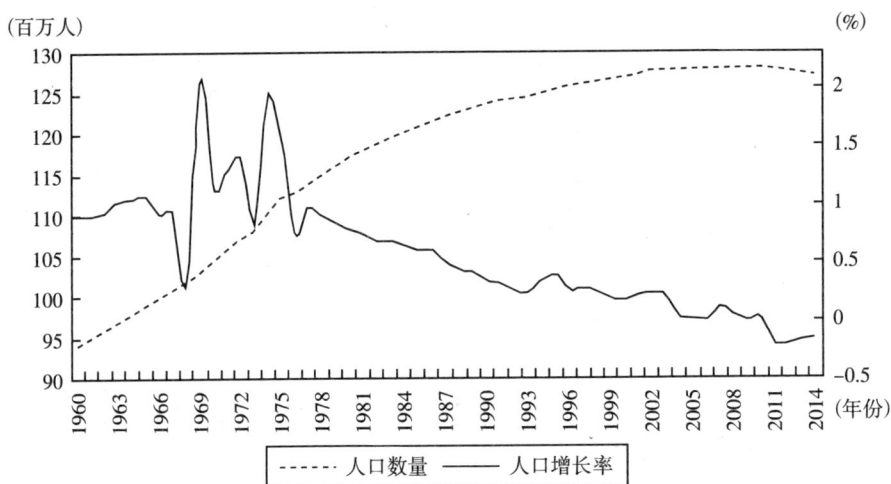

图5-2 1960~2014年日本人口数量和人口增长率的变化

数据来源：World Bank，2015.

1967年是第一阶段，人口增长率保持平稳，年平均增长率为0.96%。1968~1977年是第二阶段，人口增长率出现较大波动，1968年人口增长率为0.33%，而1969年人口增长率快速提高至2.07%，是54年来的历史高位，这一阶段的年平均增长率为1.23%，较上一阶段提高28.13%。1978~1993年为第三阶段，人口增长率呈下降趋势，年平均增长率为0.56%，较上一阶段大幅下降了54.47%。1994~2014年为第四阶段，人口增长率在小幅波动中继续下降，值得关注的是，2006年出现负增长，增长率为-0.01%，之后几年人口增长率正负波动，但从2011年开始，人口增长率持续负增长。

如图5-3所示，结合老年人口比重变化，日本赡养率变化大致分为三个阶段：1960~1969年为第一阶段。这一阶段日本人口规模平稳增长，加之老年人口占比较低，赡养率持续下降。1970~1993年为第二阶段。这一阶段赡养率经历了略微上升又下降的过程，1993年赡养率降至54年来的历史低点。根据1956年联合国《人口老龄化及其社会经济后果》给出的划定标准，一个国家或地区65岁及以上老年人口占比超过7%，60岁及以上人口占比超过10%时，即进入老龄化。1970年，日本65岁及以上老年人口占比超过了7%，开始进入老龄化阶段。1994~2014年为第三阶段。这一阶段由于老年人口占比快速上升，赡养率也快速提高。1993年老年

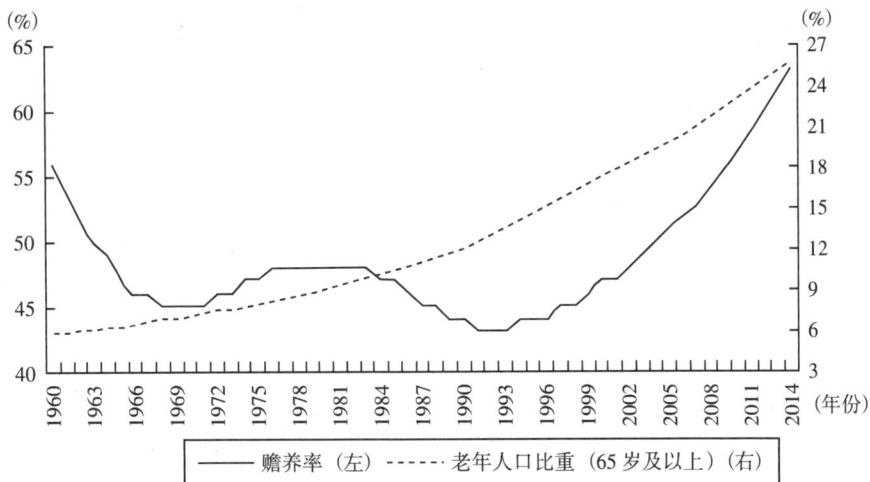

图5-3　1960~2014年日本赡养率与老年人口比重的变化

数据来源：World Bank，2015.

人口占比为13.47%，2014年占比为25.79%，20余年增长了91.46%，翻了近一番。这一阶段赡养率从43%上升至63%，增长了46.51%。

第二节　特征事实：人口老龄化与日本社会、家庭的变化

　　很多国家都要面临人口老龄化的问题。然而日本无疑是这些国家中人口结构转变最快、开始时间最早、老龄化程度最高的国家。因此，面对已经出现的老龄化问题日本没有经验可借鉴。日本的社会和家庭结构不同于西方发达国家，所以日本所面临的问题更为独特。进入老龄化的国家一般都具有下列特征事实：劳动力数量减少、医疗和养老金等社会保障支出加大、国内储蓄率下降、储蓄不足影响投资、投资的不足最终影响到经济增长。但是，日本在人口结构转变的过程中，其社会和经济所表现出的特征事实值得研究，而这些特征事实将是判断人口老龄化背景下日本经济表现的依据。

　　图5-4描绘的是七个发达国家1980~2013年失业率的变化，从各国失

业率的变化趋势来看，加拿大、英国、法国、德国和意大利的失业率变化有相似之处。这几个国家在过去的 20 年都经历了两次失业率较高的时期，大致时间为 1982~1985 年和 1994~1997 年。而美国的失业率变化大致呈"阶梯状"。从 1982 年 9.7%的高点开始一路下降，在 1990 年经历一个低点之后有所反弹，在 1992 年达到一个小高点之后，又持续下降，并且在 2000~2003 年再次重复了上面的过程。六个发达国家虽然在失业率变化的时间上有所不同，但是都经历了两个失业率较高的时期，变化趋势呈"波浪状"，表现出发达国家经济体之间的相关性。可以看出在全球化背景下，发达国家经济体之间经济变化更趋于一致。而日本的失业率变化却很有特点。过去的 20 多年，日本失业率的变化比较平缓，幅度不大，一直处于一个较低的水平，远远低于其他发达国家，即使在 2002 年日本失业率达到 20 年中的最高点，也不过处于 5.3%的水平。而过去 20 年其他国家的失业率最高水平比日本要高得多：加拿大为 11.9%，法国为 11.68%，德国为 10.6%，意大利为 12.2%，英国为 10.39%，美国为 9.7%。日本的失业率在 2007 年降到 3.9%，低于加拿大的 6.0%，法国的 8.3%，德国的 8.4%，意大利的 6%，英国的 5.4%，美国的 4.6%。

一、失业率

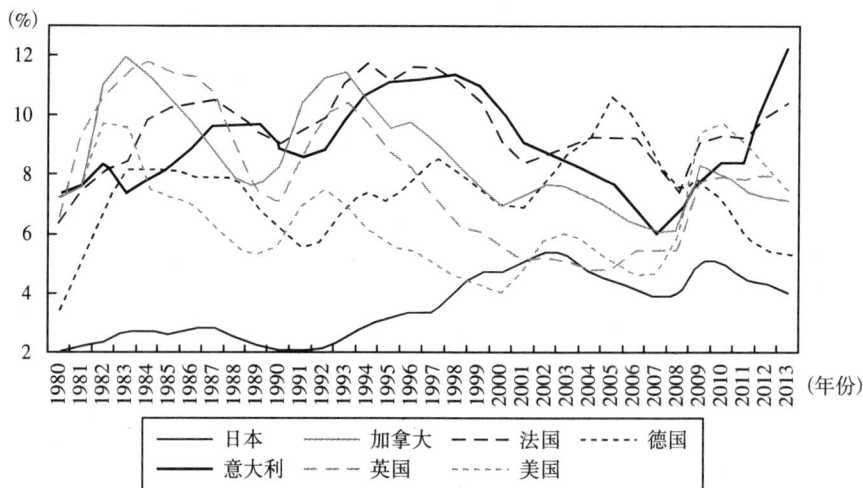

图 5-4 1980~2013 年主要发达国家失业率比较

数据来源：World Bank，2015.

与西方发达国家相比，日本的失业率相对较低，这是否就意味着日本的劳动力得到了充分利用？答案是否定的。

第一，在日本，大企业和中小企业在市场中所处的地位是不一样的。无论是原材料的购买还是最终产品的销售，大企业都处于相对有利的位置。对于劳动力的需求，大企业是根据企业的实际需求做出的，而中小企业并不完全是根据生产需求做出的，中小企业形成的是高就业、低收入的就业市场。

第二，日本经济的表现影响了劳动力的使用。1973 年的石油危机结束后，日本的经济增长受到影响。20 世纪 80 年代日本泡沫经济之后国内最终产品需求的下降引起市场对劳动力数量需求的下降。直至 21 世纪，日本经济的低迷表现都影响了劳动力的使用。

第三，对日本企业职工自身而言，失业的日子和滋味并不好受，他们希望能拥有一份长期而稳定的工作，即使企业的待遇低一些也能接受。在日本，很多职工到了退休年龄或者企业认为他不再适合原来的工作岗位时，往往都选择接受降薪来保留这份工作。这也就不难理解当经济出现危机或者滞胀时期时，西方发达国家的失业率会陡然增加，而日本失业率的变化相对要温和得多。

第四，在日本，90%以上的企业职工退休年龄在 55~60 岁。同欧美等西方发达国家相比，日本职工的平均退休年龄要小 5~10 岁。日本对国民教育的重视程度历来是值得称道的，与日本经济起飞阶段不同，日本国内教育水平的不断提高，不断提升了企业职工的素质，企业职工较早地退出工作岗位，对于已经进入老龄化阶段的日本而言是一个损失。针对人口老龄化，日本政府尝试着实行强制性退休政策，鼓励企业将职工的退休年龄延长到 65 岁。2004 年，日本政府通过了《老年人就业稳定法》，要求公司将退休年龄推迟到 65 岁。这部法律不带有惩罚性，并没有被大多数企业遵循，但是毕竟执行的企业数量在逐渐增加。另外，最近几年日本 65 岁及以上的老年人参与工作的比率在不断提高，2007 年 65 岁及以上的老年人继续工作的比例超过了 30%，已经超过了国际标准。特别地，日本妇女继续工作的比例也超过了欧洲和美国。

二、社会保障制度

　　日本的社会保障制度由国家扶助、社会福利、社会保险、公共卫生及医疗四方面构成，其中，国家扶助和公共卫生及医疗两方面所占比重较大。1961 年，日本成功地建立了全面的养老金和医疗关爱计划，为全民提供退休金和各种保险。从那时起，日本的社会保障计划逐渐完善，社会保障支出占国民收入的比重从 1961 年的 4.9%增加到 2005 年的 23.9%，与此同时，养老金支出占社会保障支出的比重也从 1964 年的 22.7%增加到 2005 年的 52.7%；医疗支出占社会保障支出的比重从 1964 年的 54.5%下降到 2005 年的 32%[1]。

　　1961 年日本的养老保险制度建立起来之后，国内凡年满 20 岁的国民均有义务缴纳基础养老金。随着社会的进步和经济的发展，日本的养老金制度逐渐成熟，在国民养老金的基础上又新建了以企业工薪人员、公务员为对象的"互助养老金"，养老金比例占国民收入的份额也逐渐上升。

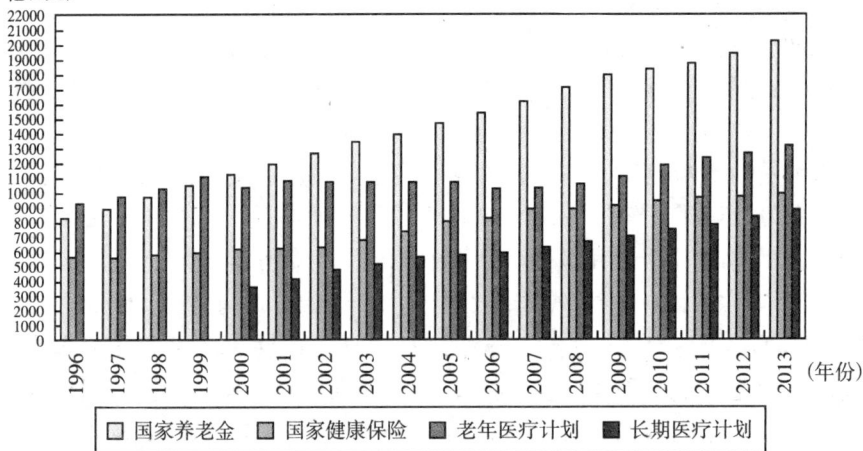

图 5-5　1996~2013 年日本政府向家庭的社会保障转移

数据来源：Economic and Social Research Institute（Cabinet Office），"Annual Report on National Accounts"，2015.

---

[1] Economic and Social Research Institute（Cabinet Office），"Annual Report on National Accounts"，2015.

如图 5-5 所示，1996 年日本国家养老金（National Pension）向家庭的转移支出为 81893 亿日元，2013 年这一转移支出达到了 202111 亿日元，增加了 147%；国家健康保险（National Health Insurance）也保持了较大比例的增长，1996 年国家健康保险支出为 56210 亿日元，2013 年这一支出增加到 98755 亿日元，十年的增长比例为 75.69%；老年医疗计划（Old-age Medical Care）支出在 1996 年为 93023 亿日元，2013 年这一支出上升至 131385 亿日元，增加了 41.23%；长期医疗计划（Long-term Care Insurance）支出在 2000 年为 35708 亿日元，到了 2013 年增加至 86922 亿日元，增加比例为 143%[①]。

显而易见，日本社会保障计划中，国家养老金的增长幅度最大，为 147%；长期医疗计划次之，为 143%；国家健康保险居第三，为 75.69%；老年医疗计划支出为 41.23%，居第四。不难看出，日本的国家养老金和长期医疗计划支出随着人口老龄化趋势的加剧在迅速增加。

日本养老金的资金来源由两部分构成：一部分是基础养老金，来源于个人缴纳的保险费和国家财政预算，厚生养老金和互助养老金的资金由个人和企业共同负担，各占 50%；另一部分为报酬比例，除了基础部分之外，还要考虑物价和工资的增长，即随工资的上升而增加的"工资浮动"部分和随物价上涨而出现的"物价浮动"。近年来，受日本经济发展的影响和人口老龄化因素的加剧，在职人员缴纳保险费的负担越来越重，社会保障计划中的资金缺口在逐渐扩大，给日本政府的财政带来了很大的压力。据厚生省统计，1999 年在职人员缴纳的保险费占其收入的 19.5%，以后每五年提高 5%，预计到 2025 年险费在工资中的占比将会更大，居民收入的 30%~35% 将要用于养老金。为了减轻劳动年龄人口的负担，2000 年 4 月，日本对养老保险进行了修改。内容包括：对首次领取退休金的受益人的领取金额削减 5%，对工资变动部分将不缴纳养老金保险费，退休金数额将只考虑消费物价指数的变化，规定领取退休金收益的年龄为 60 岁。

除了养老金负担之外，日本政府所负担的医疗服务成本也在逐年上

---

① Naohiro Ogawa, Andrew Mason, Amonthep Chawla and Rikiya Matsukura, "Japan's Unprecedent Aging and Changing Intergenerational Transfers", to be presented at the NBER-TCER-KDI conference on, "The Demographic Transition in the Pacific Rim", held in Seoul, Republic of Korea, June 19-21, 2008.

升。日本的医疗保险制度由"健康保险"和"国家健康保险"两部分构成。"健康保险"制度建立于 1922 年，1927 年正式实施。制度规定：拥有五人以上从业人员的失业所及国家或法人失业所雇用的职工可申请加入；其他失业所的业主在征得过半雇员的同意后也可申请加入；雇用时间六个月以内的临时工和不满一个月的日工也可申请加入。该项制度的资金来源于雇员、失业主和政府三方面，雇员缴纳其收入的 4.2%，失业主缴纳工资总额的 4.2%，政府承担健康保险部分的 16.4%，以及日工的定向补助。"国家健康保险"制度设立于 1938 年，从 1961 年开始改为义务实施。受益对象为居住在市町村的农业从业人员、退休者和自由职业者等，1986 年起，承保范围扩大为在日本的所有外国人。资金来源于被保险人按规定缴纳的税金和政府拨款。近年来，日本医疗成本螺旋式上升，其中的一个主要原因是日本实行的长期住院制度。根据 2007 年 OECD 的调查数据显示，日本为公众提供的住院医疗服务 2005 年的标准是每人 35.7 天，在当时的 19 个 OECD 国家中是最长的，法国排在第二位，但法国提供给每人的标准是 13.4 天。由此可见，日本民众享受到的医疗健康服务水平在发达国家中是最高的[①]。

三、社会和家庭文化

在日本过去的社会和家庭文化中，一家几代人生活在一起是很普遍的现象。这一点东西方文化有着巨大的差别。在西方国家的社会和家庭文化中，孩子成年之后就离开父母独自生活。

然而，这一传统文化在日本正悄然发生着变化。日本三代同堂的现象在逐渐减少，即使是三代同堂的家庭，老年人主观上继续同成年孩子一起生活的意愿也正在降低。调查数据显示，目前，日本 65 岁及以上的老年人同孩子共同生活的比例从 1980 年的 70% 下降到了 2005 年的 43%。另有调查数据显示，日本已婚妇女对自己未来依靠孩子养老的意愿也在发生着

---

① Naohiro Ogawa, Andrew Mason, Amonthep Chawla and Rikiya Matsukura, "Japan's Unprecedent Aging and Changing Intergenerational Transfers", to be presented at the NBER-TCER-KDI conference on, "The Demographic Transition in the Pacific Rim", held in Seoul, Republic of Korea, June 19-21, 2008.

转变。1950 年，几乎 2/3 以上的已婚妇女都有这种想法。而到了 2007 年
这一比例迅速下降，持有这种意愿的已婚妇女仅占 9%[①]。原因可能有二：
第一，日本的社会和家庭文化背景在发生变化。过去日本家庭几代同堂和
依靠成年孩子养老的想法，在社会、经济和文化发展的过程中，对现代日
本家庭的影响程度在逐渐降低。第二，1961 年日本建立起了全民养老的
社会保障体系，不断提高的养老金比例使得人们认为自己退休之后能够少
依靠甚至不依靠孩子而养老。根据已婚妇女照顾家庭中老年人的调查结果
显示，除了已婚妇女对孩子的依靠意愿下降外，1963~1986 年，已婚妇女
照顾家庭中老年人的比例基本没有发生变化，而在 1986~1988 年，这一比
例开始下降，直到 2007 年这一比例仍在下降。其中的原因不乏日本社会
保障体系完善而使得家庭代际之间转移方式发生了变化。

四、老年人财富状况

Ogawa 等（2008）将日本 60 岁及以上老年人未来的养老金收益折算到
1999 年，并且加上老年人持有的真实资产和金融资产，对日本老年人的
财富情况作了一个测算。测算结果令人吃惊，日本的老年人在 60 岁时拥
有资产达到 46 万美元，在最长退休年龄 65 岁时资产累计可达 50 万美元，
如果按照目前日本人均预期寿命为 85 岁考虑，他们去世时仍然拥有 25 万
美元的资产[②]。如果考虑到他们个人的养老金和家庭转移等因素，日本 60
岁及以上的老年人将会更富有。对于如此富有的日本老年人，最为敏感的
当属寿险公司和银行，因为对于老年人来说给波动不大的财富制定一个合
理的投资计划，无论是对老年人还是金融机构都是一个好事。

日本老年人的资产组合偏好同过去 20 多年前相比发生了很大的变化。
过去老年人认为土地是最好的资产保有形式，要比金融资产更令人放心。
但是随着老年人知识的更新，能获取更高收益的金融资产得到了越来越多
老年人的青睐。调查数据显示，日本 60 岁及以上的老年人对土地的资产

[①②] Naohiro Ogawa, Andrew Mason, Amonthep Chawla and Rikiya Matsukura, "Japan's Unprecedent Aging and Changing Intergenerational Transfers", to be presented at the NBER–TCER–KDI conference on, "The Demographic Transition in the Pacific Rim", held in Seoul, Republic of Korea, June 19–21, 2008.

保有偏好从 1994 的 63%下降到了 2007 年的 37%①，与此同时，老年人对有关投资等金融信息的关心程度正在逐渐上升。

日本政府为了更好地利用老年人手中闲置的财富来促进经济的发展，同时又考虑到老年人对于金融知识了解的匮乏性，在 2007 年 9 月 30 日推出了针对日本金融服务代理机构的《金融工具和交换法》，一方面能使老年人放心地进行投资；另一方面可以规范金融机构针对老年人财富的操作。这部新的金融商业法的实施旨在提高投资者保护，以严格的条例对金融机构股票、投资托管和其他容易引起投资者损失的行为进行了约束与规范。相应地，金融机构对金融风险产品的出售也进行了调整，如果这部分老年人要购买风险投资产品，就需要有充分的投资知识或者相关人员能提供咨询。此外，一些大银行要求 70 岁及以上的客户投资年金产品之前，必须接受至少两次关于年金风险知识的介绍；对于 90 岁及以上的客户，有些银行每三个月拜访一次，以保证他们的资产不受损失。

五、家庭转移计划

从 20 世纪 90 年代开始，日本经济的表现低迷，Yoshikawa（2001）称之为日本"失去的十年"。在这十年里，日本的失业率水平较高，劳动收入没有增长，这一时期，日本的家庭转移方向发生了改变。老年人提供给成年的孩子或者孙子的资金支持要超过成年孩子提供给老年人的。这一现象即使在"失去的十年"结束后仍然存在。

2007 年 4 月，日本 Nihon 大学人口研究所在全国范围内做了一次调查。结果显示，在过去的 12 个月里，40 岁左右的被调查者从他父母那里接收到的资金援助要超过他们提供给父母的资金援助，比例大约占被调查人员的 50%。虽然多代同堂的现象在逐渐减少，但是在发生经济困难或者遇到资金周转问题时，老年人对于年轻人的支持依然非常重要。因此，富有的老年人群体不是社会的负担而是社会的财富。

---

① Naohiro Ogawa, Andrew Mason, Amonthep Chawla and Rikiya Matsukura, "Japan's Unprecedent Aging and Changing Intergenerational Transfers", to be presented at the NBER-TCER-KDI conference on, "The Demographic Transition in the Pacific Rim", held in Seoul, Republic of Korea, June 19-21, 2008.

另一个调查是观察 1984~2004 年 65 岁及以上和 85 岁及以上老年人对公共养老金和家庭支持计划的不同态度。对于 65 岁及以上的老年人群体来说，公共养老金要比家庭转移更重要；而 85 岁及以上的老年人认为，家庭转移更重要。

1984 年，老年人在 63 岁时得到家庭成员提供的正的净转移。此后，这一年龄逐年增加，分别在 1989 年、1994 年、1999 年、2004 年增加到 64 岁、71 岁、74 岁和 77 岁。老年人接受到正的家庭转移计划的年龄在不断上升，一方面说明日本的养老金体系逐渐成熟，老年人领取的养老金收入逐渐上升；另一方面也说明老年人财富水平逐渐提高，对于家庭的支持计划他们可能并不在意。

六、国民教育

日本政府对于教育历来都很重视。从明治维新开始，政府就致力于学校教育的普及与推广。1907 年，当时在发达国家中最落后的日本和最先进的英国，几乎在同一时期普及了小学教育。到了 1955 年，在日本 25 岁以上的人口中，受过高等教育的占 3.1%，受过中等教育的占 12.6%，受过义务教育的占 78.3%，三项合计共占 94%。在日本经济起飞阶段，在 25 岁以上的人口中，没有受过教育的只占 6%。而在 1955~1974 年，日本高中的升学率由 51.5% 提高到 90.8%，基本上普及了高中。大学的升学率由 18.4% 提高到 32.2%，大学高等教育早已进入了大众化的阶段[①]。

在"婴儿潮"时期出生的人们以及未来进入老年时期的人们所接受到的教育水平在不断提高，他们对于工作岗位上新的技术仍然可以很好地学习、理解、掌握和运用，在工作中积累的经验对于日本经济的发展仍然是一笔不小的财富。

2006 年以前，日本有关法规规定职员在 60 岁就退休。为了减轻养老福利开支，2006 年 4 月 1 日，日本《高龄者雇佣安定法》开始施行，新法规保证有工作意愿与能力的人员被雇用到 65 岁。许多日本企业对这部法规的实施持欢迎态度，因为他们希望留用有经验的老年人。这些老年人不仅

---

① 李公绰：《战后日本的经济起飞》，湖南人民出版社 1988 年版，第 124 页。

经验丰富，重要的是服务态度好，工作认真负责，敬业精神极强。

七、家庭储蓄率

通常认为，随着老龄化程度的加快，储蓄率水平会降低。然而，日本的家庭储蓄率是一个特例。2001 年，日本学者 Ishikawa 和 Yajima 对日本的人口老龄化和家庭储蓄率提高的矛盾现象做了研究。《家庭收入和支出调查》的数据显示，对于仍然工作的家庭，储蓄率从 1980 年的 22.1%增加至 1990 年的 24.7%，到了 2000 年增加至 27.9%；但是对于包含已经退休的成员不再工作的家庭，他们的储蓄率一直为负。大多数 60 岁以下的家庭仍然是在工作，在过去的 20 年他们的储蓄水平会随着劳动收入的提高而增加。然而，对于 60 岁以上的家庭，他们的储蓄率水平是比较复杂的，因为 56.2%的家庭不再工作，储蓄率的水平为–16.2%，而剩下的家庭是仍然工作的，他们的储蓄率水平为 18.4%。

Ishikawa 和 Yajima（2001）对日本工作家庭和非工作家庭的储蓄率按照各自的权重进行了计算。他们发现，未来劳动家庭的储蓄率在不断上升，虽然非工作家庭的比例会显著上升，从而使得家庭储蓄率下降，但是，劳动家庭储蓄率的上升会抵消这种下降。所以从整体来看，储蓄率下降的可能性不大。

虽然总储蓄率的改变要受到年龄结构的影响，但是不同年龄群体储蓄率的改变是独立于整个储蓄率的改变的。不同年龄群体的储蓄率虽然处在不同的水平，但是他们各自的储蓄率是增加的。家庭中是否拥有房屋所有权对于储蓄率的影响也很大，租房住的家庭和自有住房的家庭相比，前者的家庭支出要高。根据《日本家庭收入和支出调查》，拥有住房的家庭储蓄率要更高。

第三节　人口老龄化与日本的宏观经济

一、国内生产总值

图 5-6 显示，同其他发达国家相比，日本的国民经济在过去的 20 多年处在一个更高的增长路径。在 1980 年，日本的 GDP 为 10670 亿美元，加拿大为 2689 亿美元，法国为 6912 亿美元，德国为 8261 亿美元，意大利为 4606 亿美元，英国为 5377 亿美元。在七个主要发达国家中，日本的 GDP 列第二位。

（十亿美元）

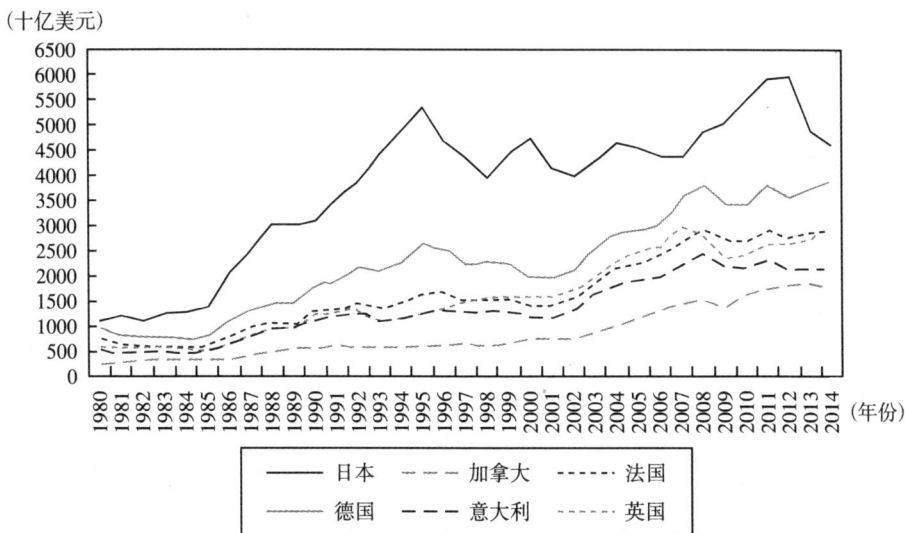

图 5-6　1980~2014 年主要发达国家 GDP 的变化

数据来源：World Bank，2015.

在此后的 30 多年，除日本外，几个主要发达国家的经济增长幅度表现得较为平缓。而日本与其他主要发达国家的经济增长幅度逐渐拉开，表现得更为迅速。特别是在 1995 年，日本的 GDP 达到 52778 亿美元，德国

为 25249 亿美元，加拿大为 5906 亿美元，法国为 15721 亿美元，意大利为
11266 亿美元，英国为 11463 亿美元。从数据上可以看出，日本 1995 年的
GDP 是德国的 2 倍、加拿大的 8 倍多、法国的 3 倍多、意大利的 4 倍多、
英国的 4 倍多。在 1995 年之前，日本的经济增长路径几乎是呈直线上升
的走势，虽然在 1995 年之后经济增长经历了几个小的波动，但是，正的
经济增长态势依然不变。2013 年，日本 GDP 出现下滑，降至 49195.6 亿美
元，较 2012 年的 54544.8 亿美元下降了 9.80%。

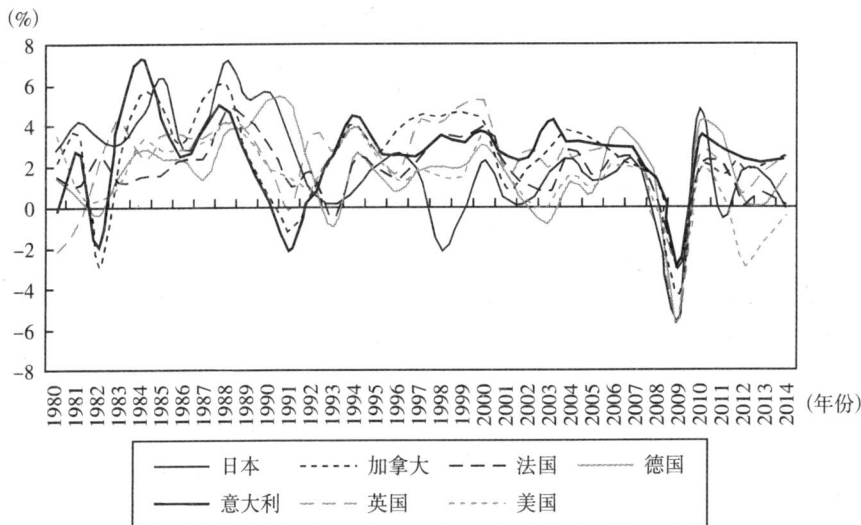

图 5-7　1980~2014 年主要发达国家 GDP 增长率的变化

数据来源：World Bank，2015.

　　日本 GDP 的增长率在过去的 30 多年经历了较大的波动，从图 5-7 的
变化来看，日本 GDP 的增长率变化很有意思。1980~1993 年，日本经济在
泡沫经济时代保持了较高的增长速度，经历了两个波峰。而 1994~2004
年，日本经济在"失去的十年"中表现不佳，在 1998 年经历负增长，在
2001 年经历了几乎零增长。2005 年之后，日本的经济增长速度略有下滑，
波动起伏较大。经历全球金融危机之后，日本 GDP 增长短暂恢复，但在
2011 年再次下滑，出现负增长。

　　需要指出的是，在 1987~1991 年的 5 年间，日本的经济增长速度是近
30 年来最高的，特别是在 1988 年增长速度达到了 6.76%。2005~2009 年

日本 GDP 年简单算术平均增长率为 0.61%，2010~2014 年日本 GDP 简单算术平均增长率为 1.49%，较上一个 5 年提升了 0.88 个百分点。

如图 5-8 所示，1980 年以来，日本人均 GDP 也经历了一个和 GDP 增长率几乎一致的变化趋势。1980~1995 年日本人均 GDP 增长速度较快，1995 年达到了一个高点，达到 42760 美元。1995 年之后，日本人均 GDP 的增长出现了几个波动，都低于 1995 年的水平。经历全球金融危机之后，日本人均 GDP 重拾增势，2012 年达到新的高点 46679 美元。

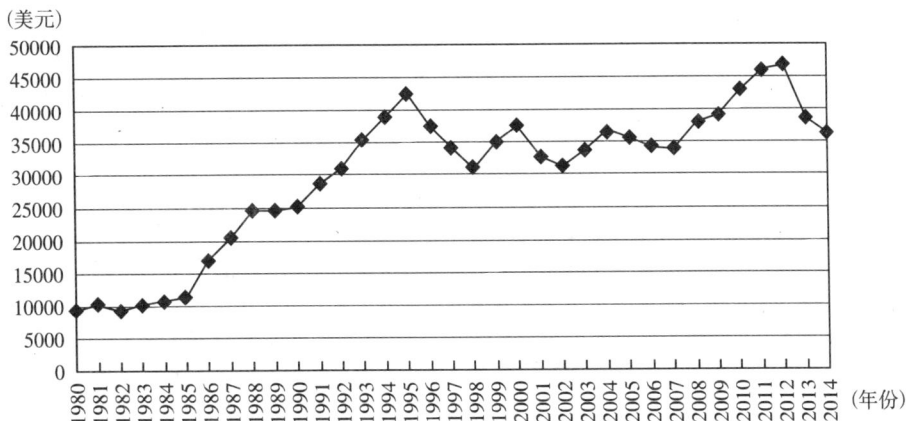

图 5-8　1980~2014 年日本人均 GDP 的变化

数据来源：World Bank，2015.

虽然资本对 GDP 的贡献要受到边际资本收益递减规律的影响，但是从日本过去 35 年的人均 GDP 的实际变化情况来看，日本资本存量的增加对于 GDP 的贡献仍然比较明显。这一点非常重要，老龄化的预期使居民储蓄的意愿增强，而储蓄的上升会增加社会的资本存量。由于资本对 GDP 的增长有正的促进作用，所以，老龄化后资本存量的增加仍然可以推动经济的增长。这一点对于发展中国家更为重要，发展中国家的资本对 GDP 的贡献将处于一个更高的路径。可以判断，老龄化背景下的发展中国家，特别是中国，资本存量的不断增加对于经济增长的作用将更为明显。

二、国内储蓄和投资

日本的储蓄率和投资率在过去的 35 年中总体均呈下降趋势（见图 5-9）。

除了 1980 年日本的投资率超过储蓄率之外，从 1981 年开始，日本的储蓄率始终大于投资率。日本的储蓄率从 1983 年开始经历一个小幅的增长，由 1983 年的 29.9% 增加到 1991 年的 34.5%，1991 年之后日本的储蓄率开始逐渐下降，2002 年降至 25.9%。但是 2002 年之后，日本的储蓄率又略有上升，在 2003 年、2004 年、2005 年、2006 年和 2007 年分别达到了 26%、26.7%、27.2%、27.8%、28.6%。日本的投资率在 1980 年处于较高的水平，为 31.4%。从 1981 年开始，日本的投资率低于储蓄率并逐渐下降，在 1986 年降至 28.2%。之后，日本的投资率开始回升，在 1990 年达到了 35 年来的最高水平 32.9%。随后，投资率再次下降，降到 2003 年的 22.8%。此后，日本的投资率又略有上升，在 2007 年增至 24%。受金融危机影响，储蓄率虽略有恢复，但总体难掩下降趋势。投资率下滑更为明显，但危机之后总体呈平缓上升趋势。

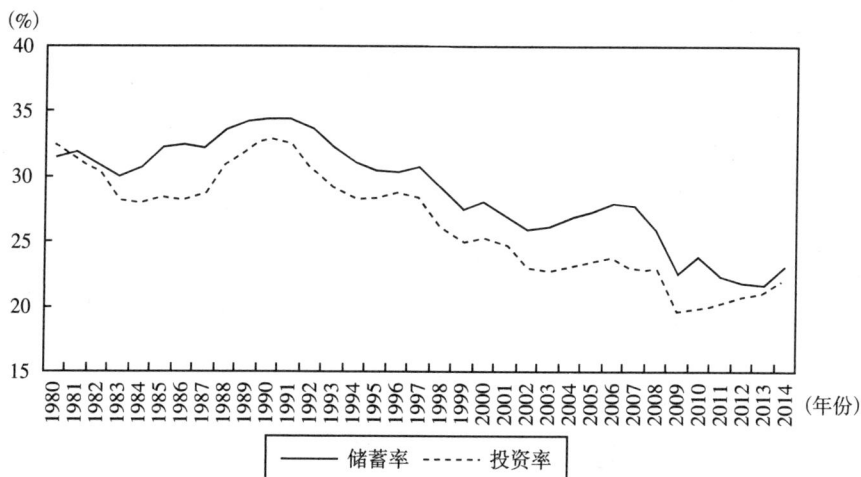

图 5-9 1980~2014 年日本储蓄率和投资率的变化

数据来源：IMF，"World Economic Outlook"，2014.

根据 IMF 的数据，对过去 35 年日本的储蓄率和投资率作一个估算，日本的年平均储蓄率大致保持在 28.89%，年平均投资率大致维持在 26.46%①。而同一时期，其他发达国家的储蓄率和投资率水平为：加拿大年平均储蓄

————————

① 简单算术平均。

率为 19.9%，年平均投资率为 20.6%，储蓄率低于投资率；法国年平均储蓄率为 20.2%，年平均投资率为 19.9%；德国年平均储蓄率为 21.9%，年平均投资率为 20.7%；意大利年平均储蓄率为 20.6%，年平均投资率为 21.5%，储蓄率低于投资率；英国年平均储蓄率为 16.5%，年平均投资率为 18.1%，储蓄率低于投资率；美国年平均储蓄率为 16.6%，年平均投资率为 19.5%，储蓄率低于投资率。通过对比国际数据可以看出，日本的储蓄率大于投资率，国内储蓄能够满足国内投资需求，并且日本的储蓄率和投资率都高于其他主要发达国家。

三、经常账户

1980 年日本投资大于储蓄，这时的经常账户余额为负值。如图 5-10 所示，观察日本过去 35 的历史数据，日本经常账户余额的变化呈阶梯式上升，在不同的时期经历了几个不同的高点，分别是 1986 年、1993 年、1998 年、2000 年、2004 年、2007 年和 2010 年，特别是在 2010 年，日本的经常账户余额达到了 2176 亿美元的高点。但在短暂经历高点之后，2011 年、2012 年、2013 年经常账户余额出现连续急剧下跌，分别为 1265 亿美元、586 亿美元、336 亿美元，三年累计下降 84.56%。

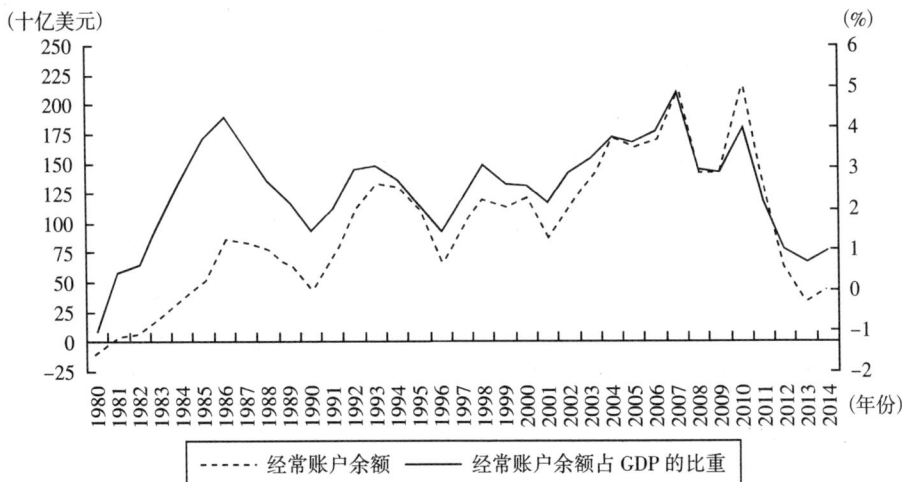

图 5-10　1980~2014 年日本经常账户余额及经常账户余额占 GDP 比重的变化

数据来源：IMF，"World Economic Outlook"，2014.

日本的经常账户余额占 GDP 比重的变化轨迹在大部分时期和经常账户余额变化的轨迹一致，只是比重的变化比经常账户余额的变化更为平缓。这种情况的形成原因可能是，当日本的经常账户余额较低时，相对应的日本的 GDP 水平也较低，所以造成了经常账户余额占 GDP 的比重较高，而当经常账户余额较高时，日本的 GDP 也较高，所以导致了这一时期的经常账户余额占 GDP 的比重较低。

根据宏观经济学的理论，当一国的储蓄大于投资时，经常账户出现盈余，该国成为资本输出国，为其他国家提供资本；当一国的储蓄小于投资时，经常账户出现赤字，该国为了满足大于国内储蓄的投资，就必须向其他储蓄有盈余的国家借债。根据这一理论，从日本经常账户 35 年的变化情况来看，日本的国内储蓄一直大于国内投资，一直作为资本输出国在向世界其他储蓄不足的国家提供资本。

然而本书所关心的是：日本作为资本输出国的地位能保持多久？从 IMF 的预测数据来看，日本将在未来较长一段时间内保持经常账户盈余。这是因为：第一，日本近年来的经济虽然没有处于快速增长的轨道，但是温和的 GDP 增长率仍然使日本 GDP 高于其他发达国家。第二，日本人口老龄化的趋势才刚刚开始，国内劳动力将不可避免地减少，资本—劳动比率将不断提高，国内储蓄的增加除满足国内资本深化外，将会把更多的储蓄投资到海外以获得海外投资收益。海外投资的不断增加将使日本更多地分享到国外经济增长的益处，投资收益的增加将进一步扩大日本的经常账户余额。

四、海外投资及投资收益

随着日本对外投资力度的不断增加，获得的投资收益也在不断增加。表 5-1 显示，除了未反映在经常账户投资收益项目下的向雇员支付的工资外，日本投向海外的直接投资、证券投资收益、股权收益、债务收益和其他投资收益都在不断增加。1991 年日本总的对外投资收益为 36048 亿日元，直接投资收益为 5589 亿日元，证券投资收益为 43671 亿日元，但其他投资收益为 –13484 亿日元。此后，日本的各项投资收益都逐渐增加，特别是债务收益在 1996 年出现后，增加的势头很盛，成为除了证券投资收益之外，对总投资收益贡献最大的项目。接下来依次是直接投资收益、股权投资收益和其他投资收益。在 2007 年，日本的总投资收益达到了 164889 亿日元。其中，证券投资收益为 122515 亿日元，直接投资收益为 35805 亿日元，其他投资收益为 6569 亿日元（见图 5-11）。

表 5-1　1996~2014 年日本对外投资情况

单位：十亿日元

	资产	直接投资	证券投资	其他投资	储备资产	债务	直接投资	证券投资	其他投资	净资产
1996	302237	29999	111165	135372	25242	198878	3473	66077	129013	103359
1997	346524	35334	121794	160131	28693	221938	3519	76978	140908	124587
1998	336778	31216	127720	152390	24862	203504	3013	76334	123632	133273
1999	303613	25425	131687	116648	29398	218878	4713	118392	95457	84735
2000	341206	31993	150115	117239	41478	208159	5782	101609	100402	133047
2001	379781	39555	169990	117069	52772	200524	6.632	87752	105673	179257
2002	365940	36478	167203	105792	56063	190631	9369	73189	107628	175308
2003	385538	35932	384353	92645	72083	212720	9610	92873	109510	172818
2004	433864	38351	209247	97718	87720	248067	10098	120091	116756	185797
2005	506191	45605	249493	108544	99444	325492	11903	181959	127709	180699
2006	558106	53476	278757	116698	106435	343024	12803	209696	116938	215081
2007	610492	61858	287687	146227	110279	360271	15145	221487	118674	250221
2008	519179	61740	215682	141752	92983	293271	18456	139907	127146	225908
2009	554826	68210	261989	123599	96777	286580	18425	141496	121445	268246
2010	560215	67691	269207	129700	89330	304308	17502	152051	129488	255906
2011	581509	74289	262324	140192	100517	316083	17548	157481	135413	316083
2012	661902	89813	305112	152891	109464	365588	17808	180504	161950	296315
2013	797077	117726	359215	178398	133529	472070	17976	251861	193576	325007
2014	945273	143940	410056	183854	151080	578416	23344	285228	210661	366856

数据来源：Ministry of Finance Japan，2014.

　　高储蓄使得日本在满足国内投资需求之后，投向海外的资产越来越多，获得的海外收益也逐渐增长。观察日本投资收益占经常账户比重的变化，占比屡创新高。根据国家外汇管理局公布的日元对美元的折算汇率表，对以日元标价的投资收益进行折算，得出日本投资收益占经常账户余额的占比。如图 5-12 所示，变化总体呈阶梯上升态势，2004 年接近100%，2008 年接近 160%，2011 年接近 190%。尽管 2012 年开始占比有所下降，但仍然保持在 150% 以上。日本国内持续的高储蓄，在满足国内投

（亿日元）

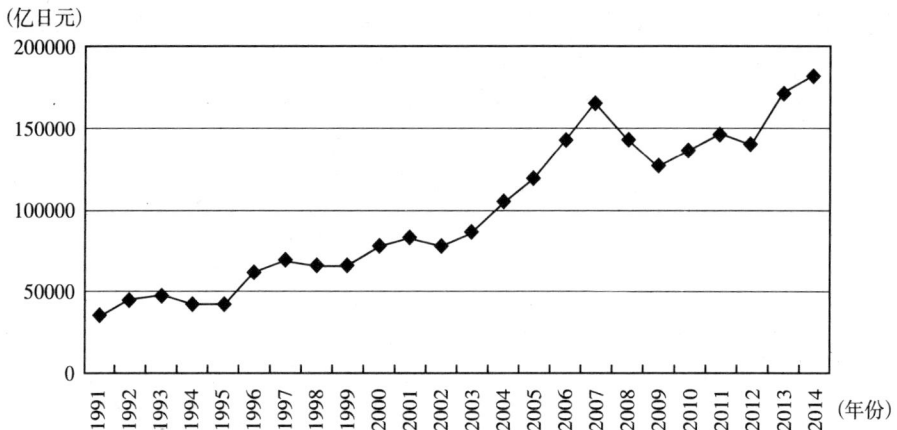

图 5-11　1991~2014 年日本投资收益的变化

数据来源：Ministry of Finance Japan，2014.

资需求之后，海外投资的力度将不断增加，海外投资收益不断上升，这将进一步使日本的储蓄维持在一个较高的水平，为日本未来的经济增长提供支持。

英国经济学家杰弗里·克洛舍 1957 年提出了国际收支格局变化的六阶段假说。根据这一假说，一个国家的国际收支格局会经历六个不同发展阶段：

（1）年轻债务国。由于经济发展水平和储蓄水平低，必须从外国获取商品和资本，该国经常项目中的贸易项目和投资收入项目（债务利息和FDI 红利）同时是逆差。经常项目逆差通过资本项目顺差来弥补，因而该国是债务国。

（2）成熟债务国。由于出口行业的发展，贸易项目由逆差转变成顺差，但贸易顺差还不足以抵消投资收益逆差。该国依然有经常项目逆差和资本项目顺差。

（3）债务偿还国。该国经常项目中的投资收益项目依然是逆差，但贸易顺差抵消了投资收益（债务利息和 FDI 红利）汇出，因此呈现经常项目顺差和资本项目逆差，即该国已成为资本输出国。

（4）年轻债权国。经常项目顺差和资本项目逆差进一步增加。此时，该国的投资收益已经由逆差转变为顺差。

（5）成熟债权国。由于人口老龄化、竞争力下降等原因，该国将出现贸易逆差。但是由于海外资产的积累，投资收益项目的顺差大量增加，该

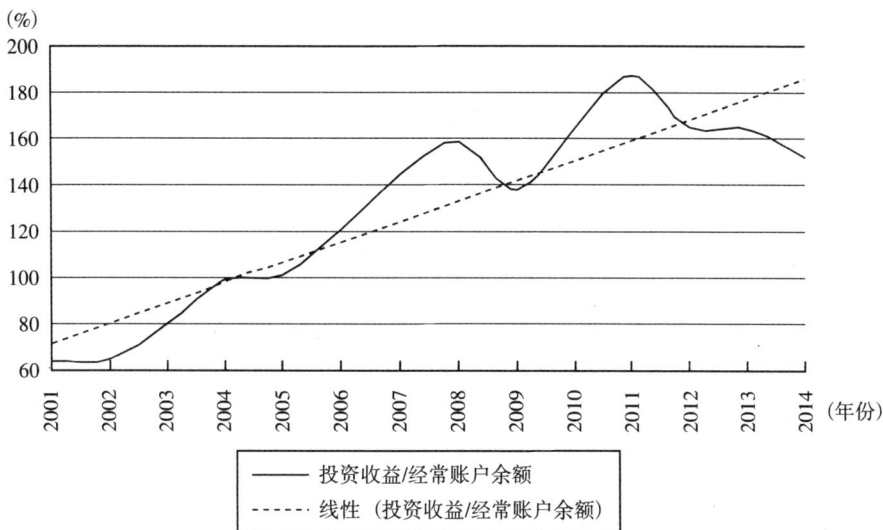

图 5-12　2001~2014 年日本投资收益占经常账户余额的比重变化

数据来源：IMF，"World Economic Outlook"，2014；Ministry of Finance Japan，2015.

国依然能够保持经常项目顺差。

（6）债权减损国。由于储蓄不足，投资收益顺差不足以抵消贸易逆差，经常项目出现逆差、资本项目出现顺差（海外资本回流）。该国的海外资本净值逐渐减少。如果这种趋势无法扭转，该国将不可避免地陷入衰弱。

结合日本目前的宏观经济发展情况，日本目前兼具第四阶段和第五阶段的特征,日本的经常项目顺差和资本项目逆差在进一步增加。按照笔者可以搜集到的数据，日本的海外投资在 1985 年就有大约 160 亿美元的收益，可以推断在更早的时期日本的投资就已实现正收益。如果用一条开口向下的对称抛物线对日本做一个分析，假设从日本 1980 年经常项目为负值时算起，把 2010 年作为一个最高点，那么即使老龄化因素的影响使得各项经济指标下降，这一过程也需要大概 30 年。

第四节 老龄化背景下的日本经济对中国的启示

人口老龄化无疑是日本在今后一个时期要面对的难题。也许人口老龄化会使日本经济的增长陷入低谷，但是，我们应该看到日本在应对老龄化问题上有其独特的优势。日本在经济快速发展时期对"人口红利"的利用程度是比较高的，老龄化的过程也伴随着社会财富的快速积累以及人力资本和技术水平的不断提高。如果对这些资源充分利用或许会使日本经济摆脱老龄化的困扰，老龄化趋势下日本经济表现出的特征事实是有利于日本经济持续增长的。通过对日本经验的分析，我们得出两点启示：

第一，发展中国家和发达国家的资本产出弹性是不一样的，发达国家的资本产出比率要低于发展中国家的资本产出比率。由于发达国家和发展中国家处于不同的经济增长路径，未来的财富积累对产出的影响是不一样的。发达国家的资本积累对于产出的边际贡献度不高，但是发展中国家的资本积累对于产出的边际贡献作用是比较明显的。对于中国而言，不断积累的财富所带来的第二人口红利对于中国经济的促进作用将更加明显。

第二，中国的人口老龄化是否会引起居民部门储蓄率的下降？中国居民储蓄的分布存在"二八现象"，20%的人拥有80%的财富，而80%的人拥有20%的财富。也就是说，就居民部门来讲，中国绝大多数人的财富总和只占总财富的20%。未来老龄化程度较高时，居民养老支出占财富的比例变化较大的仅是占到20%的居民；而对于拥有80%的财富的人，他们的养老支出占其财富的比例变化很小。所以，从居民部门而言，未来人口老龄化不会引起储蓄率的下降。

本章小结

毫无疑问，日本正经历一场世界上开始最早、速度最快、规模最大的人口结构改变。因为是第一个经历的国家，所以日本没有任何经验可借鉴，这对日本而言是挑战更是机遇。也许这场人口结构转型，能将日本经济带入新的增长轨道。

虽然优质丰富的劳动力对日本经济的快速发展起到了重要的推动作用，然而真正把劳动力释放出来的是日本经济结构的调整。第二产业的快速发展提高了农村劳动生产率，在城市化的进程中劳动力得到了充分利用。虽然日本的失业率同其他发达国家相比处于较低的水平，但不可否认的是，日本企业的管理制度让我们有理由相信日本存在隐蔽性失业的现象。同时，执行推迟退休政策企业数量的增加，也为日本经济发展提供了新的劳动力供给点。由于对失业的担心和对养老的预期，日本家庭在老龄化的过程中家庭储蓄率上升。日本家庭结构也在悄然发生着变化，拥有很多财富的老年人和孩子们共同生活的情况在减少。老年人对孩子们的家庭支持其实并不在意，相反老年人对孩子们的经济支持却成为现代日本家庭的主流模式，他们是社会的财富而不是负担。日本的老年人受过良好的教育，对于新技术的吸收、学习能力是值得肯定的。

日本成熟的社会保障体系在提高保障水平的同时也增加了日本政府和年轻人的负担。日本政府应该对现有社会保障政策予以改革，实现一个介于社会保障和经济增长之间的资源最优配置。这样，可以把未来年轻人的税收负担固定在一个不变的水平，使政府政策显得更加透明，恢复年轻人对政策的信任。

在 20 世纪 80 年代和 90 年代，尽管日本经历了"泡沫经济"时期和"失去的十年"，但是从上述的分析中我们能看出日本经济在主要发达国家中的表现仍然是最好的，日本 GDP 的增长率仍然处于过去历年增长率的平均水平，同其他主要发达国家相比，日本的储蓄率和投资率依然保持在一个很高的水平。逐渐增加的海外投资为日本带来了可观的投资收益，而这些投资收益将是未来人口老龄化背景下日本经济持续发展的有力保证。

日本经济的增长模式可以归于资本密集型或技术密集型，不属于劳动力密集型，国内资本—劳动比率提高可以使日本维持在一个较高的经济增长路径。与此同时，其他还未受到老龄化因素影响的国家劳动力很充裕，劳动力工资水平较低，经济快速发展的愿望受到了国内储蓄不足的限制，对于海外投资的需求很旺盛。因此，日本可以将国内的剩余储蓄投资到这些国家，利用他们丰富的劳动力资源，获得投资收益。未来，经济一体化程度将更高，整个世界将会是一个"巨大的工厂"，日本提供资金、技术和管理经验，其他国家提供劳动力。老龄化虽然减少了日本国内的劳动年龄人口，但是对于其他国家劳动力资源的利用会使日本经济保持增长。一个国家真正受到人口老龄化的影响需要大约 30~50 年的时间，而这一时期也为日本人口结构调整提供了良好时机。当其他国家都逐渐步入老龄化社会时，各国的劳动力数量都在下降，到那时，这些国家也许会真正因为国内劳动力数量减少、国外劳动力价格过高而影响到经济增长。

第六章　理论模型的应用：纳入人口结构的中国居民消费函数

　　消费函数的研究始终是经济理论和经济政策实践的一个研究重点，对消费函数的研究具有重大的理论意义和政策实践意义。这是因为，消费函数通过对未来消费需求的变化进行判断和预测，可以为政府决策提供一个理论支持。在国民收入决定的两部门分析框架中，$Y = C + I$。达到均衡时，$C + I = C + S$。可以得出，$S = Y - C$。储蓄函数和消费函数是等价的，对于给定的消费函数，只有一个储蓄函数与之相对应；对于给定的储蓄函数，也只有一个消费函数与之相对应。从消费函数可以推导出储蓄函数，从储蓄函数也可以推导出消费函数[①]。由于储蓄函数和消费函数之间的关系，我们推导出消费函数后，也就可以得出储蓄函数的变化趋势。

　　人口结构变化对于经济增长而言是非常重要的。人口结构变化会影响到居民、家庭、企业和政府等经济主体，也会影响到文化、社会和经济等多个方面。人口结构变化对于经济增长的影响可能不是直接的，它可能先影响一些中间环节，通过中间环节的变化最终影响到经济增长。

　　人口老龄化已经成为困扰很多发达国家经济发展的因素，我们可以从总供给和总需求的角度去看待老龄化因素对经济增长的不利影响。从总供给的角度看，老龄化社会的特征是有效劳动力数量较少，社会保障支出加大以及医疗、养老等各项社会保障支出将会占用很多社会资源，造成生产资本的积累不足。从总需求的角度看，有效劳动力数量的下降势必会造成劳动力工资的上升，这将会加大企业的生产成本，抑制企业的投资需求。而企业投资需求的下降将会影响到企业产出，最终影响到经济增长。

　　本章也是全书的一个创新，创新之处在于把人口结构因素和消费函数

[①] 余永定等：《西方经济学》（第三版），经济科学出版社 2002 年版，第334页。

结合起来。人口结构与消费函数相结合的研究是一个具有理论意义和实践意义的探索，这一研究思路的意义在于通过人口结构的变化观察居民消费函数的变化。如上所言，消费函数和储蓄函数是"一枚硬币的两个面"，当我们得出人口因素影响下的消费函数之后，也就看到了人口结构变化下的储蓄函数。这一理论模型对于研究人口老龄化对经济的影响是很有意义的，我们运用这一消费函数，可以观察到居民的消费行为在整个生命周期里，随其年龄变化会经历一个怎样的变化路径。如果对同一年龄居民的消费行为加总，我们就可以得到同一时间出生的群体其一生的消费行为变化；对整个社会居民消费行为加总，我们就可以得出在某一具体时刻全社会的居民消费函数，运用时间序列数据进行计量分析，我们就可以检验一个国家人口年龄结构发生变化时消费者实际消费行为的变化，依据此结果，我们也可以研究人口结构变化特别是人口老龄化因素对消费者储蓄行为的影响。

第一节　文献回顾：消费函数及其中国化

消费函数在西方经济学中占有重要地位，长期以来，也是国内外专家学者关注和研究的热点领域。

一、消费函数理论的演进

自 20 世纪 30 年代起，消费函数理论先后主要经历凯恩斯的绝对收入假说、杜森贝利的相对收入假说、莫迪利安尼的生命周期假说、弗里德曼的持久收入假说以及霍尔的理性预期的持久收入假说几个阶段。

凯恩斯提出绝对收入假说之前，消费被认为是由实际利率决定的。实际利率的变动可以使资金市场最终实现供求平衡。1929~1933 年世界性经济危机之后，凯恩斯发现古典主义经济学的观点无法解释短期内商品市场的供求均衡。他认为，当期消费是由当期收入决定的，收入的波动的确能够解释消费的变化。他进一步指出消费函数的几个特征：收入分配的变化会显著影响边际消费倾向，边际消费倾向低于平均消费倾向，平均消费倾向随着收入提高而下降，长期边际消费倾向将大于短期边际消费倾向。但在几年之后，库兹涅茨在 1942 年的研究中发现，储蓄率似乎并没有像绝对收入假说预测的那样随着收入增加而增加，所表现出的是长期的稳定性。至此，绝对收入假说的解释能力开始受到质疑和挑战。

杜森贝利认为，绝对收入假说的两处假设是不准确的：一是个体消费与其他人消费，即不同消费者之间互不影响。二是消费完全取决于当期绝对收入，忽略了过去收入对当期消费的影响。他提出，消费取决于居民的相对收入水平，即居民在收入分配中的相对地位以及历史上的最高收入水平。相对收入假说证明了长期中平均消费倾向的稳定性。他进一步解释了消费者如何受其他消费者的影响，如果其他消费者消费水平上升，那么该消费者的效用将下降。尽管相对收入假说对储蓄率长期稳定无法给出一个完美解释，但相对于绝对收入假说，已然有了较大进步。

相对收入假说已开始关注消费者行为。莫迪利安尼的生命周期假说也是从消费者行为出发，他认为对于前瞻性消费者，要从收入观察其消费行为，不仅要关注过去收入和当期收入，而且要从消费者整个生命周期去分析其可获得的资源，进而最大化消费效用。生命周期假说包括以下一系列假定：一是同质性的效用函数；二是没有遗赠；三是存在完善的资本市场；四是所有家庭消费函数和主观折现率相同；五是年龄分布、收入的年龄分布和净财富年龄分布都保持不变；六是预期收入与当期收入成比例；七是消费的配置不受未来预期收入变动不确定性的影响；八是家庭是在整个生命周期内进行规划；九是时间偏好率保持不变；十是个体消费者行为符合其生命周期消费计划。相对于杜森贝利强调代表性消费者"向后看"，莫迪利安尼强调的是前瞻性。

而弗里德曼从长期视角来考察储蓄和消费。他将收入分为持久性收入和暂时性收入，消费是由持久性收入决定的。长期内消费者暂时性收入的均值为零，不会对收入的短期变动产生反应。持久收入假说的理论意义在于，认为边际消费倾向与持久性收入的变化无关，而取决于利率等其他变量。相对于绝对收入假说对总收入和总储蓄的分析，生命周期假说和持久性收入假说具备了微观基础，并且更强调消费者一生收入的重要性。

在弗里德曼持久收入假说基础上，霍尔把适应性预期改为理性预期，后来被称为理性预期假说，在确定性条件下观察消费者行为。该假说强调消费者希望在不同时期保持消费边际效用不变，即力求实现消费的跨期

"平滑"。它假定：一是代表性消费者的效用函数可隔离、可加；二是存在完善资本市场；三是代表性消费者能够形成理性预期并最大化其效用。

二、中国居民消费函数的研究

消费函数在经济学理论和经济政策实践中都具有重要意义。在过去的经济学文献中，有很多学者运用现代经济学理论对中国消费函数进行了研究。概括总结相关文献，对于消费函数的研究大多运用经验归纳法和理论演绎法。但是，经验归纳的研究方法存在一些不足，缺少一定的理论基础。因为经验归纳法是根据经验给出消费需求的决定变量，然后搜集相关数据，运用计量经济学方法进行回归检验，并且通过调整解释变量的数量来达到满意的结果。而理论演绎法则是从理论出发，纳入一些中国的制度性特点，推导出一定形式的消费函数，针对消费函数中涉及的变量进行统计检验（余永定，2000）。

Duo Qin（1991）对中国总的家庭收入和消费之间的关系重新进行了检验，文中特别强调了长期因素和短期因素对于解释家庭收入和消费之间的关系是存在差别的。同时，作者还分析了收入和消费关系的稳定程度。中国历来提倡勤俭节约，在很大程度上，这一传统是基于消费随着收入水平提高而提高的理念。作者以此解释改革开放以来，中国宏观经济中出现的问题是否与过快消费有关系。

贺菊煌（1995）在生命周期假说的前提下研究了消费函数。研究加入了以下假设：第一，主观贴现率随主观预期寿命而变化。第二，各年龄的主观预期寿命都不小于按人口统计学计算的该年龄上的平均预期寿命。第三，利率和典型消费者的初始资产是由整个经济体系决定的内生变量。作者在上述假设下建立了宏观储蓄函数和消费函数。

袁志刚、宋铮（1999）比较了计划经济体制和市场经济体制下中国居民的消费行为变化。他们认为，在计划经济体制下，中国城镇居民储蓄动机不强，拥有较少的金融资产数量，具有很高的消费倾向；而在市场经济体制下，中国城镇居民的消费倾向大幅下降。这是在中国经济转轨过程中发生的变化。研究结果认为，建立和完善社会保障制度、缩小中国城镇居民收入分配差距、建立健全消费信贷制度、扩大消费信贷规模是市场经济体制下，居民增加消费需求的有效措施。

余永定、李军（2000）采用了理论演绎法对中国的消费函数进行理论推导和实证检验，研究的前提也是生命周期假说和持久收入假说。但是这两种假说在运用到中国的实际情况中时遇到一些挑战，因为中国的一些特征是无法用上述假说解释的。比如，资本市场的不完全（Imperfection of Capital Market）、消费信贷市场不发达。除此之外，同上述假说最不相符的就是，生命周期假说中所描述的居民一生的储蓄行为是，年轻时正储蓄，年老时负储蓄，而中国居民的特征是，无论是在年轻时还是年老时储蓄倾向都很高。所以，中国居民消费函数的研究就要考虑到中国居民的消费行为和储蓄行为的具体特征。中国居民消费的第一个重要特征是：中国居民不是以一生为时间跨度来寻求效用最大化的，消费支出是分阶段的。第二个重要特征是：在生命的不同阶段一般都存在一个特定的消费高峰。

万广华等（2001）运用 Hall 的消费函数及其扩展模型和中国 1961～1998 年的数据，对流动性约束和不确定性对中国居民消费行为的影响进行了分析。研究表明，随着中国经济改革的不断深入，中国居民消费行为在 20 世纪 80 年代早期发生了结构性转变。流动性约束型消费者所占比重的上升以及不确定性的增大，造成了中国目前的低消费增长和内需不足。此外，流动性约束和不确定性之间的相互作用进一步强化了两者对居民消费的影响，导致了居民消费水平和消费增长率的同时下降。

袁志刚、朱国林（2002）在消费理论的框架内讨论了收入分配和总消费的关系。研究结果表明，收入分配会影响总消费。不是所有形式的收入再分配政策都会提高总消费，只有当高收入群体的收入转移到中低收入群体时，总消费才会增加，而中低收入群体之间的转移是不会提高总消费的。这一结论对于研究中国储蓄的"二八"现象有很重要的意义。

王金营、付秀彬（2006）对考虑人口年龄结构变动的中国消费函数进行了计量分析。作者认为在对中国消费函数的研究和实证分析中，几乎没有将人口年龄结构纳入消费函数。一方面是没有找到一个综合变量可以用来表征人口年龄结构以纳入函数；另一方面人口年龄结构与收入水平的时间序列数据存在相关性，致使直接引入年龄结构变量的消费函数存在多重共线性，不能通过显著性检验。检验分析结果证明，人口老龄化对消费水平、消费规模和消费结构均有一定的影响。在人口老龄化初期，老龄化对消费的影响程度并不显著，可能是因为劳动力数量和收入的增加弱化了老龄化因素的影响。

李文星等（2008）运用经验分析法从人口年龄结构变化的角度研究了中国居民消费率长期下降的现象。研究发现，中国儿童抚养系数对居民消费具有负的影响，即中国儿童抚养系数的下降反而提高了居民消费率，但这种影响并不大。中国老年抚养系数变化对居民消费的影响并不显著。作者运用省际面板数据和动态面板 GMM 估计方法，发现中国居民消费习惯非常稳定，因而经济快速增长伴随着居民消费率下降，中国人口年龄结构变化并不是中国目前居民消费率过低的原因。

第二节　中国的人口结构变化

图 6-1 描绘了 1981~2014 年中国人口规模以及人口增长率的变化路径。1981 年中国的人口规模为 9.94 亿人。从 1981 年开始，人口以每年 1000 万人以上的规模增长，这种趋势一直持续到 1997 年，1997 年中国的人口规模达到了 12.4 亿人。在 1981~1997 年十多年内，中国的人口增长率都保持在 1% 以上。在 1982 年、1986 年、1987 年、1988 年、1989 年五年中，中国人口年增长率都保持在 1.5% 以上。特别是 1987 年，人口增长率达到了 1.66%。1997 年之后，中国人口增长率开始下降，年增长率降到了 1% 以下。从图 6-1 中可以看出，从 1997 年开始，中国的人口增长率下降较快。到了 2007 年，人口增长率已经降到 0.5%，人口规模达到了 13.2 亿人。2011 年人口增长率降至阶段性最低点 0.47%。2014 年人口规模达到 13.64 亿人。

改革开放后，中国经济快速发展，随着人民群众生活水平的不断提高，医疗卫生条件的改善，中国人口预期寿命直线上升。1981 年预期寿命只有 67.30 岁，2013 年预期寿命已经达到 75.35 岁，年复合增长率为 0.35%。

中国人口出生率变化的路径和中国人口增长率变化的路径很相似（见图 6-2）。1981~1983 年与 1985~1990 年两个时期中国人口出生率均保持在 20‰ 以上。从 1987 年开始，中国人口出生率开始下降，从每千人出生 23.33 人持续下降至 2004 年每千人出生 12.29 人。2005~2013 年每千人出生人数基本保持稳定，维持在 12 人左右。

1981~2014 年，15~64 岁人口占比经历了两个相似阶段的增长。第一

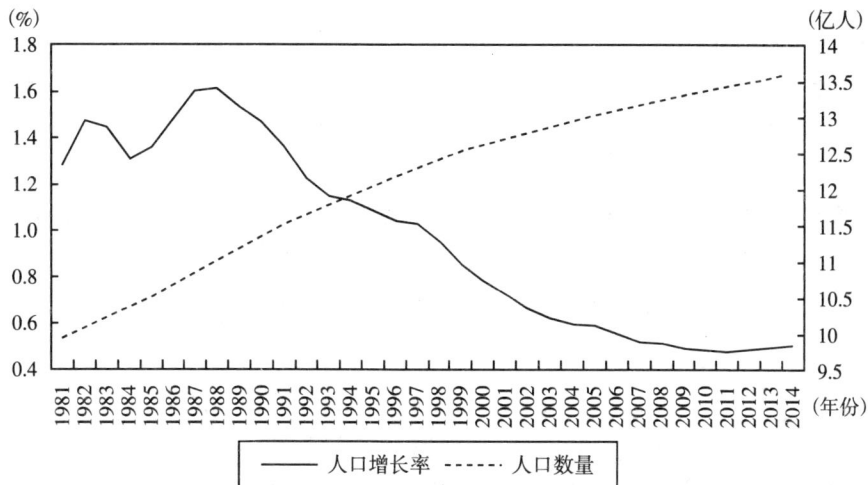

图 6-1　1981~2014 年中国人口增长率变化

数据来源：World Bank，2015.

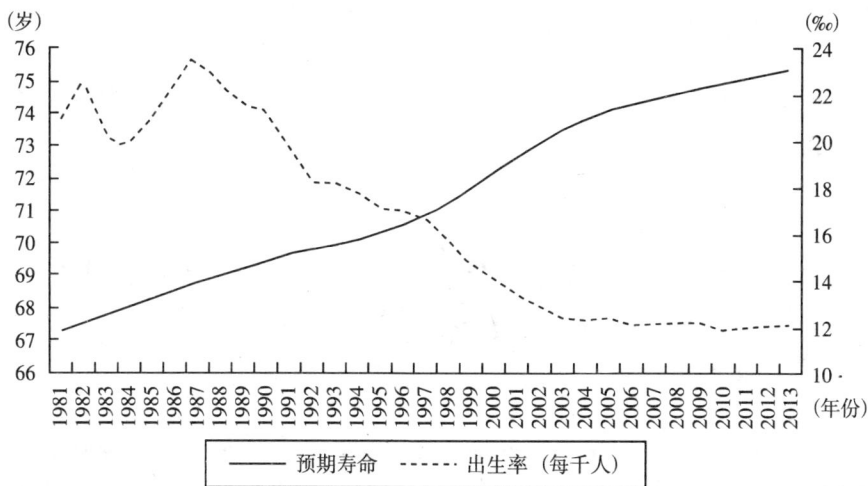

图 6-2　1981~2013 年中国人口预期寿命与出生率变化

数据来源：World Bank，2015.

个阶段是 1981~1994 年，这一阶段占比从 60.39% 增至 65.13%，提高了近 5 个百分点。第二个阶段是 1995~2014 年，这一阶段占比从 65.29% 增至 72.77%，2010 年占比达到阶段性高点 73.50%，之后，占比开始下降（见图 6-3）。

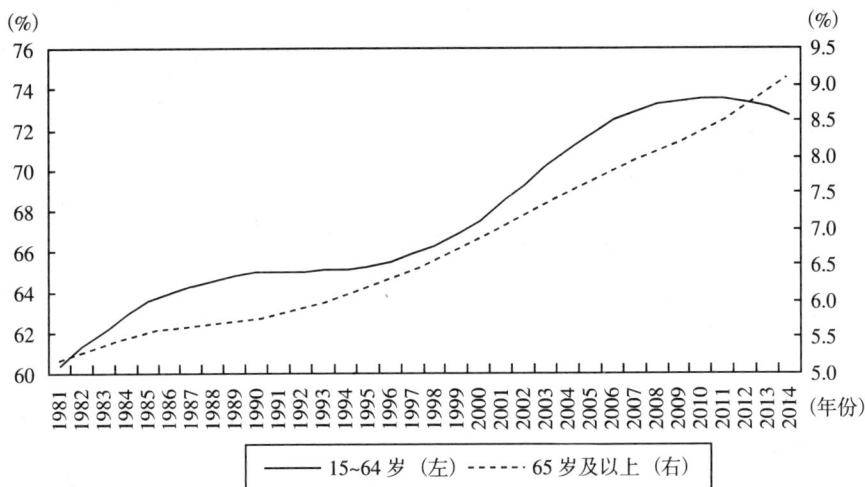

图6-3　1981~2014年中国人口结构变化

数据来源：World Bank，2015.

相对于 15~64 岁劳动人口占比变化，65 岁及以上人口占比呈平稳上升的趋势。2001 年占比超过 7%，达到 7.02%。如前文所述，如果一个国家或地区 65 岁及以上人口占比超过 7%，那么这个国家或地区就进入了老龄化阶段。按此标准，中国在 2001 年已经进入了老龄化社会。

第三节　研究中国居民消费函数的社会和文化背景

我们对中国居民消费函数的推导建立在第四章理论模型的基础上，理论研究还纳入了中国社会和文化背景。

一、中国的社会保障政策

中国养老保险制度建立于 1951 年。从 1991 年开始，中国的社会保障制度进入了探索性改革阶段。现阶段，按照国家机关、事业单位、企业单位和农村四个主要类别，我国初步形成了社会保障框架。目前中国实行的是分立的社会保障制度，不同群体实行不同的制度。

1. 国家机关、事业单位养老保险政策

中国国家机关和事业单位的养老保险制度在很大程度上是相同的。本质上，还是由国家承担主要义务的"单位保险"或者称为"国家保险"，并不是真正意义上的社会保险。国家机关和事业单位的工作人员在工作时期是不承担缴纳养老保险费的义务的，他们退休之后的养老金收入完全由国家财政预算支付。在退休金的计算方法上，是以退休时的工资为计算基数，按照其工龄以及工资的一定比例计发（工龄 30 年以上，通常按 90% 计发）。同时，离退休人员的老、病、死仍由原单位负责。

2008 年 2 月 29 日，国务院常务会议原则通过了《事业单位工作人员养老保险制度改革试点方案》，会议通过确定在山西、上海、浙江、广东、重庆五省市先期开展试点，与事业单位分类改革配套推进。试点的主要内容包括：养老保险费用由单位和个人共同负担，退休待遇与缴费挂钩，基金逐步实行升级统筹，建立职业年金制度，实行社会化管理服务（郑秉文等，2009）。

2009 年 1 月 28 日，国家人力资源和社会保障部证实"事业单位养老保险制度改革方案"已正式下发，山西、上海、浙江、广东、重庆五省市试点运行。此次改革的重要内容是将事业单位养老保险下调至与企业一致[1]。

2. 企业单位养老保险政策

1994 年以来，中国企业单位职工养老保险改革推进相对较快。1995 年 3 月，国务院发布《关于深化企业职工养老保险制度改革的通知》，确定了"社会统筹与个人账户相结合"的实施方案，明确了"统账结合"是中国城镇企业职工基本养老保险制度改革的方向。1997 年 7 月，国务院颁布《关于建立统一的企业职工基本养老保险制度的决定》，规定按照职工工资的 11% 的比例建立养老保险个人账户。其中，个人缴费部分为 8%，企业缴费划入个人账户部分为 3%；企业缴费（含划入个人账户部分）的费率不得超过工资总额的 20%。2001 年，中央决定在辽宁试点"做小做实"个人账户，以"做小"来保证"做实"，即降低个人账户中的工资缴费比

---

① 郑秉文、孙守纪：《第二十二章　我国社会保障制度改革 30 年》，转引自邹东涛主编《发展和改革蓝皮书：中国经济发展和体制改革报告 No.1——中国改革开放 30 年》，社会科学文献出版社 2008 年版。

例，所缴费用与统筹账户缴费基金分账管理，以确保个人账户真实积累。由此，个人账户和统筹账户的联系被切断，现收现付体系被彻底打破。但是，统账分离使得统筹账户承担着巨大的支付压力。2005年，国务院颁布《关于完善企业职工基本养老保险制度的决定》，进一步明确了逐步做实个人账户的养老保险改革思路，同时指出，从2006年1月1日起，个人账户的规模统一由本人缴费工资的11%调整为8%，并全部由个人缴费形成，单位缴费不再划入个人账户①。

举例：企业单位职工养老金缴纳。

企业单位职工养老保险缴纳分为个人部分和企业部分。个人部分缴纳养老保险的计算基数和上一年度当地社会平均工资相关，个人缴费基数不超过上一年度当地社会平均工资的3倍，个人缴费比例为8%。例如，某地2014年度社会平均工资为1000元，那么职工缴费基数的上限就为3000元。如果职工工资高于3000元，就以3000元为基数计算，每月扣缴240元；如果职工工资每月低于3000元，那么就以职工实际工资为缴费基数，按8%的比例计算扣缴。企业部分的缴费基数按照企业每月实际支付的工资总额确定，工资总额包括基本工资、绩效工资、奖金等，企业缴费比例为20%。如果某企业向职工支付1000万元的工资，相应地，企业就要配套缴纳200万元的养老保险。

3. 农村养老保险政策

虽然农村社会养老保险与企业职工养老保险、机关事业人员养老保险同属于社会保险体系，但是由于农民收入较低且不稳定，农村社会养老保险则采取了非常灵活的缴费方式。农村养老保险遵循"多缴受益多，少缴受益少，早缴受益多，晚缴受益少"的原则，并且，农村社会养老保险个人账户缴费标准由参保者自己根据其家庭经济状况及领取的标准来确定。农村社会养老保险缴费方式非常灵活，可采取月缴、年缴或一次性缴纳等方式，收成好时可以连续缴纳，经济不宽裕时也可以暂时间断，待条件允许时再续保。总之，只要在60周岁前缴足自己所承担的部分，即可从60周岁后按月领取养老金直至寿终。参加农村社会养老保险可从18周岁开始缴费，60周岁后开始按月领取养老金直至寿终。在领取养老金前（60

---

① 任波：《中国养老制度改革大事记》，《财经》2006年第26期。

周岁前）身亡者，退还全部个人账户本息；在领取养老金期间身亡者退还剩余个人账户本息。

2009年2月1日，中央"一号文件"强调，抓紧制定适合农民工特点的养老保险办法，解决养老保险关系跨社保统筹地区转移接续问题。《农民工参加基本养老保险办法》在缴费比例、账户转移及权益累计年限等方面都进行了相应调整。充分考虑农民工流动性强、收入低的主要特点。农民工养老保险的企业缴费比例，从目前的职工工资总额的20%降为12%；农民工个人缴费比例则采取了灵活的方式，取消了8%的硬性要求，可在4%~8%自选。农民工离开就业城市时，当地社会保险经办机构一方面要为其开具参保缴费凭证，证明他在本地参保的时间和累计缴费情况；另一方面暂时封存其权益记录和个人账户。农民工回到原就业城市就业并继续参保的，其权益记录和个人账户自然解封，养老保险权益得以延续；农民工到其他城市就业并继续参保的，只要向新就业地社会保险经办机构出示参保缴费凭证并提出转移申请，就可以转移接续养老保险关系。个人账户继续按国家规定计息，直到其继续参保或达到领取待遇年龄，已经参保缴费的权益不受损失。根据《办法》规定，农民工参加基本养老保险缴费年限累计满15年以上（含15年）将可按月领取基本养老金。符合待遇领取条件后，由本人向基本养老保险关系所在地社保机构提出领取申请，社保机构按基本养老保险有关规定核定、发放基本养老金，包括基础养老金和个人账户养老金。农民工达到待遇领取年龄而缴费年限累计不满15年，参加了新型农村社会养老保险的，由社保机构将其基本养老保险权益记录和资金转入户籍地新型农村社会养老保险，享受相关待遇；没有参加新型农村社会养老保险的，比照城镇同类人员，一次性支付其个人账户养老金。这意味着，农民工参加了基本养老保险，只要履行了同样的参保缴费义务，就与城镇职工享有同等的养老保险权益①。

4. 对中国社会保障政策的评价

中国的社会保障制度还是分立的社会保障模式，不同的群体养老金发放具有不同的标准，存在差异性，劳动力在全国范围流动存在障碍。而分立的社会保障模式有很多缺点：第一，阻碍了劳动力的流动，不利于形成

---

① 颜维琦：《农民工养老保险办法破冰》，《光明日报》2009年2月8日。

全国统一的劳动力市场，社会保障制度对劳动力市场的扭曲效应明显。第二，导致了不同退休制度下的养老待遇不同，增加了政府的财政压力。第三，国家机关、事业单位、企业单位和农村社会保障制度的差异造成了养老金待遇不公，影响社会和谐（郑秉文等，2009）。与企业单位相比，无论是养老金标准还是养老金的增长率，国家机关和事业单位的标准都要更高。1990年，企业单位人均退休金1664元，事业单位和国家机关分别为1889元和2006元，比企业高出13.5%和20.6%，机关人均离退休金是企业的1.2倍，事业单位是企业的1.1倍。到了2005年，企业单位人均离退休金为8803元，事业单位和国家机关分别为16425元和18410元，事业单位和机关人均离退休金分别比企业高出86.6%和109.1%，机关人均离退休金是企业的2.1倍，事业单位是企业的1.9倍。企业单位与事业单位和国家机关的差距平均每年分别以5.4%和6.8%的速度在扩大①。

二、中国传统文化与社会保障

在中国传统思想文化中，以孔子为代表的儒家思想占据着重要的地位。重视人伦、重视伦理和道德的社会作用，正是中国传统思想文化的特色。"仁"作为一种道德规范，它所包含的内容是十分丰富的，其中最基本、最重要的就是"孝"，它是适应以血缘关系维系着的宗法等级制社会的纽带。按照"孝"的伦理原则，在家族和家庭关系中，子女对父母应当行孝。就整个社会而言，家庭是社会最基本的单位，是社会的细胞，家庭稳固了，社会才能得到稳定。用"孝"来规范家庭成员之间的关系，使家庭成员之间在日常生活中一言一行各有所依，这样，家庭能保持最大的稳定，从而使社会也得到稳定。这就是"孝"的道德观念和道德规范所能起到的最大的社会作用。

传统的孝文化在历史上发挥了社会保障功能。中国历代封建政府皆以尊老、养老作为治国的根本，强化了家庭家族观念，这种儒家文明熏陶下的东方特色家族制度在我国传统的社会保障中发挥了重要的作用，我国的社会历史以及个人生活，都是以家庭以及家族为中心展开的。那时老人生

---

① 郑秉文、孙守纪、齐传君：《公务员参加养老保险统一改革的思路——"混合型"统账制度下的测算》，《公共管理学报》2009年第6卷第1期。

活在大家庭中，"三世同堂"、"四世同堂"甚至"五世同堂"，老人不仅得到了经济生活方面的保障，而且儿孙满堂，共享天伦之乐，精神需求也得到了满足。这充分说明，在传统社会孝文化全面普及、孝道思想根深蒂固的背景下，老人得以颐养天年，养老保障功能得到了最大的发挥。

中西方对孝道文化的理解是存在差异的，孝与友爱是中西方文化在处理亲子关系方面的重要差异。西方国家的社会化养老模式作为一种制度安排，也有其深刻的制度文化根源并根植于西方特定的社会结构条件。在西方，受基督教文化的影响，以血缘为基础的家庭和家族观念淡漠，而且养老从来就不是家庭的必然责任。在家庭中，父母与子女的关系是自由和平等的。他们认为，友爱责任乃是由友爱的双方交互作用而引起的，这种友爱的交互往来越持久，则友爱的责任越深厚。

在中国的孝文化中，孝被片面地强化，而西方人的友爱则真正是自由和平等的。这是因为：第一，中西方存在家族本位与个人本位的差异。在中国，统治者对国家的治理是通过家族来实行的，因而在一定意义上，国家就是一个扩大了的家族，只有齐家才能治天下。而在西方，个人本位的思想成为西方文化的首要原则，这种原则倡导人的自由与平等，每个人的地位都是平等的，父母与子女也不例外。第二，中西方存在老年至上与少年至上的差异。中国传统文化是一种尊重过去与老人经验的老年文化，而西方文化则是一种重视未来与青年创造性的青年文化。第三，中西方存在代际整合与代际断裂的差异。父母与子女的关系是紧密联系和相互负责的，以孝道为基本精神。中国孝道要维护家族的延续、发展与团结稳定，必然强调代际整合；而西方文化以人的自由平等为最高价值，必然强调代际断裂，父母尊重子女的意愿和个人隐私，每个人都是独立的个体①。

第四节　研究思路——人口结构与消费函数的结合

我们的研究思路是从人口结构变化的角度观察全社会消费行为的变化，要达到研究目的，我们需要分三个步骤将人口结构和消费者行为结合起来。

---

① 汪松寿：《孝道文化浅析》，新华网，2008 年 3 月 5 日。有删节整理。

首先，我们假设不同年龄段的消费者具有不同的消费函数。在时刻 t，年龄为 a 的代表性消费者的消费函数为：

$$c_{at} = c_{at}(X;\ a,\ t)$$

式中，a 为年龄；t 为观察时刻——在消费函数中是给定参变量；c_{at} 为 t 时刻年龄为 a 的代表性消费者的消费需求量；X 为影响代表性消费者消费需求量的与年龄无关的解释变量（向量）。我们主要是分析人口年龄结构改变对消费函数的影响，但是我们将在下面的消费函数表达式的推导过程中逐步纳入其他对消费需求量形成影响的变量。

其次，我们假设同一年龄消费者的消费行为是同质的。我们用 q_{at} 表示在时刻 t 年龄为 a 的消费者数量。由此，我们可以得出 t 时刻年龄为 a 的全体消费者的消费为：

$$c_t(a) = c_{at} \cdot q_{at}$$

最后，为分析简便以及考虑到统计检验时数据的选取，我们只分析年龄为 15~80 岁的消费者。以年龄作为加总变量，t 时刻处于不同年龄的全体消费者的总消费量为：

$$C_t = \sum_{15}^{80} c_t(a)q_{at}$$

C_t 为 t 时刻全社会的总消费额；q_{at} 为 t 时刻年龄为 a 的人口数。在离散状态下，a 的取值为 15~80（最高年龄）。在选定的观察年 t 年，对应于不同的年龄段 a，人口量 q_{at} 是不同的。q_{at} 取决于 t 时刻的人口结构。

在连续状态下，年龄段可以无限分割，a 趋于零，我们可以把离散时间情形变成连续时间情形。于是可以以年龄为积分变量进行加总。在加总和积分过程中，t 是一个参变量。对应于不同的时刻 t，不同年龄消费者的人口数量 q_{at} 不同，从而全社会的总消费 C_t 也不同。这样就有了对应于人口结构变化动态路径 q_{at} 的总消费的动态路径 C_t。

$$\sum_{15}^{80} c_t(a)q_{at} \Rightarrow \int_{15}^{80} c_t(a)q_{at}\,da$$

从连续时间情形全社会总消费函数的表达形式中可以看出，对于给定时刻 t 来说，求解纳入人口结构的消费函数模型，主要有两个关键部分：第一，给出包含年龄因素的个体消费函数 c_{at}；第二，给出 t 时刻的人口分布函数 q_{at}。

至此，对于纳入人口结构消费函数的研究思路已初步形成。

本章小结

本章是对第四章建立的理论模型的应用。中国居民消费函数是经济理论和经济政策实践的一个研究重点，国内外很多学者对中国居民消费函数从多个角度做了很多开创性的研究。关于人口结构改变和中国居民的消费函数的已有研究中，大多是运用计量经济学的方法，通过变量的增减来拟合出一个满意的结果，上述研究方法缺乏理论基础。本书前面的研究中，在一个考虑物质资本、人力资本和技术变化的框架下，推导出了居民的消费函数。为了使研究更接近现实，在居民的物质资本运动方程中考虑了居民缴纳养老保险费以及家庭转移支付的情况。

本章对中国实行计划生育政策以来 30 年的人口结构变化做了回顾，对于中国现行的社会保障政策和中国传统的"孝道"文化做了总结与概括，目的是将两个具有中国特征的、影响居民消费的重要因素纳入研究，分析上述因素变化对中国居民消费函数的影响。中国目前的社会保障体制是分立的社会保障体制。虽然单一的养老金缴费率不能很好地反映不同养老金缴费率对居民消费的影响，但是中国社会保障体制未来的发展趋势必将是消除城乡差别和单位性质的差别，建立统一的社会保障体制。在这个意义上，单一的养老金缴费率为探索统一养老金缴费率政策对居民消费的影响提供了一个研究的基础。

本章着重对纳入人口结构的居民消费函数的研究思路予以阐释。纳入人口结构的消费函数理论分为三个部分：第一，刻画出代表性消费者的消费函数。这里假设不同年龄的代表性消费者具有不同的消费函数，相同年龄的消费者消费函数相同。第二，得出某一具体年龄消费者的人口数量的表达式，将同一年龄的代表性消费者的消费函数和人口数量相乘，得出某一年龄群体的消费函数。第三，以年龄为加总变量，对社会中某一具体时刻所有年龄的消费函数进行加总，得出全社会的总消费函数。

第七章 理论推导与实证检验：纳入人口结构的中国居民消费函数

第一节 中国居民消费函数构建

研究思路的数学形式仅是让我们用数学语言对研究思想予以表达。在进行深入研究时我们就会发现，不论是消费函数的表达形式还是人口分布函数的表达形式都有两个不断变化的变量：一个是年龄 a，一个是时刻 t。我们对消费函数的求解需要描述代表性的消费者 15~a 岁的物质资本运动方程，如果我们要观察年龄 a 以前的物质资本积累，那么时间就不是 t 时刻。为了解决两个变量同时变化的问题，我们引入了消费者的出生时刻 s。也就是说，只要知道消费者是从哪一时间出生的，我们就可以灵活地刻画他从出生到任意观察时间的物质资本运动方程。因为出生时间是不会发生变化的，当观察时间发生变化时隐含着消费者的年龄 $a = t - s$ 也在发生变化。这样，我们就解决了消费者年龄和观察时间同时变化的问题。

一、代表性消费者消费函数的构建

我们在连续时间情形下对代表性消费者的消费行为进行分析。t 时刻，消费者行为预期最大化为 $E \int_s^d \ln c(s, t) e^{-(\theta+p)(t-s)} dt$。代表性消费者行为最大化的动态优化系统为：

$$\max_{c(s,t)} \int_s^d \ln c(s,\ t) e^{(\theta+p)(s-t)} dt$$

s.t. $\quad dw(s,\ t)/dt = r(t)w(s,\ t) + (1-\tau-\eta)y(s,\ t) - c(s,\ t)$ (7-1)

$w(s,\ d) = 0$

式中，$c(s,\ t)$ 代表 s 时刻出生的代表性消费者在 t 时刻的消费，$y(s,\ t)$ 代表 s 时刻出生的代表性消费者在 t 时刻的收入，$w(s,\ t)$ 代表 s 时刻出生的代表性消费者在 t 时刻的物质资本，p 是死亡率，θ 为时间偏好率[①]，d 为代表性消费者的预期寿命。代表性消费者的动态预算约束方程中，在 t 时刻以利率 $r(t)$ 得到利息收入 $r(t)w(s,\ t)$。τ 为养老金缴费率，在工作时期 τ 是正值，代表居民所承担缴纳养老金的义务；在居民退休时期 τ 为负值，表示居民从政府那里得到的养老金收入。η 为转移支付比率，表示代表性消费者在工作时期向家庭中的老年人提供的转移支付，在退休时期 η 为负值表示得到家庭的转移支付。为了防止居民陷入无限债务，同时不考虑居民的遗产，我们假设代表性消费者在死亡时既没有负债也没有剩余财富，$w(s,\ d) = 0$。

二、消费函数的推导

对消费者的动态预算约束条件两边乘以 $e^{-\int_t^v r(u)du}$。运用边界条件 $w(s,d) = 0$，定义人力资本 $h(s,\ t) = \int_t^d y(s,\ v) e^{-\int_t^v r(u)du} dv$，整理消费者行为动态约束方程[②]，可得：

$$\int_t^d c(s,\ v) e^{-\int_t^v r(u)du} dv = w(s,\ t) + (1-\tau-\eta)h(s,\ t)$$ (7-2)

用动态规划方法求解系统得到个体居民的消费函数[③]：

$$c(s,\ t) = (\theta+p)[w(s,\ t) + (1-\tau-\eta)h(s,\ t)]$$ (7-3)

如果我们以年龄和时间来表示消费函数，就可以得到以下形式：

[①] 时间偏好率（The Rate of Time Preference）越大意味着居民越看重当期的效用，而未来的效用对于居民来说价值较低。具体到消费函数，时间偏好率越大说明消费者越倾向于当期消费。

[②] 整理过程参见附录一

[③] 求解过程参见附录二。

$$c(a,\ t) = (\theta + p)\big[w(a,\ t) + (1 - \tau - \eta)h(a,\ t)\big] \qquad (7\text{-}4)$$

代表性消费者消费以 $(\theta + p)$ 的比率取决于物质财富，以 $(\theta + p)(1 - \tau - \eta)$ 的比率取决于人力资本。

第二节　人口数量的确定——稳定理论模型

要确定社会中某一时刻消费者的总消费，除了推导某一时刻某一年龄代表性消费者的消费函数外，还要确定某一具体时刻某一具体年龄的消费者数量。在此，本书运用了人口学中的稳定理论。

人口学稳定理论的背景是死亡率和生育率固定不变的状态。当年龄别生育率和死亡率在相当长一段时间内恒定不变时，社会就会出现一个相对稳定的年龄结构。稳定模型是生命表静止模型所描述的出生等于死亡的特例在实际应用中的发展。尽管稳定模型是有条件限制的，但这些条件在很多应用中都可以接受。稳定理论说明一种已知不变的年龄别生育率和死亡率状态暗示了什么样的年龄结构，反之，也可以根据稳定理论从观察到的年龄结构推断生育率和死亡率[①]。

假设代表性消费者存活到年龄 a 的概率为 $l(a)$，且此概率函数为年龄的函数而非时间的函数。某人群每年出生人数 B 为均匀分布并恒定不变，且该人群为封闭人群。我们假设 t 时刻规范的人口基数为单位人口基数 1，在任意时间，年龄为 a 至 $(a + da)$ 的人口为 $Bl(a)$，生存函数 $l(a)$ 不区分男女性别，可以同时应用于两个性别。当出生人数不变以及男女生命表固定时，产生了静止人口，出生人数呈指数 Be^{nt} 变化，n 为人口增长率。

那么，在 t 时刻年龄为 a 的消费者是 a 年之前出生的人，他们活到现在的人数为 $l(a)$。如果考虑到人口结构的变动，人口增长率为 n，人口数以每年 e^{nt} 的比例增长，则年龄在 a 至 $(a + da)$，出生的人数为 $Be^{n(t-a)}da$。在这些人口中，预期存活的比例为 $l(a)$，则到了 t 时刻，年龄为 a 至 $(a + da)$ 的绝对人口数为 $Be^{n(t-a)}l(a)da$。由此，我们可以得到在 t 时刻年龄为 a 的

---

① ［美］内森·凯菲茨：《应用数理人口学》，郑真真等译，华夏出版社 2000 年版，第 67 页。

人口数量 $q(a, t) = Be^{n(t-a)}l(a)da$，则 t 时刻社会中年龄为 a 的消费者的消费为：$C(a, t) = c(a, t)Be^{n(t-a)}l(a)da$。

第三节 纳入人口结构的中国居民消费函数的理论推导

一、中国居民消费函数的加总

在得出 s 时刻出生的人在 t 时刻的消费函数 $c(s, t)$ 的同时，我们也就得出了在 t 时刻年龄为 a 的消费者的消费函数：$c(a, t) = (\theta + p)[w(a, t) + (1 - \tau - \eta)h(a, t)]$。在某一具体时刻，不同年龄的消费者的消费函数取决于他们的物质财富和人力财富，而他们的物质财富和人力财富也是随着年龄的变化而变化的。因此，我们可以得出年龄为 a 的消费者消费函数的一般形式：$c = c(a, \theta, p, \tau, \eta, w, h)$，也就是说，消费者的消费受其年龄 a、时间偏好率 θ、死亡率 p、养老金缴费率 τ、转移支付比率 η、物质资本 w 和人力资本 h 的影响。

在某一具体时刻，社会中年龄为 a 的消费者数量为 $q(a, t)$，那么，社会中年龄为 a 的消费者群体的总消费为：$C(a, t) = c(a, t)q(a, t)$。在得出时刻 t 社会中年龄为 a 的消费者的消费之后，对年龄进行加总，就可得出在 t 时刻整个社会人口的消费。为了简便起见，我们只研究社会中 15~80 岁年龄段群体的消费。

$$C(t) = \int_{15}^{80} c(a,t)Be^{n(t-a)}L(a)da = \int_{15}^{80} (\theta + p)[w(a,t) + (1 - \tau - \eta)h(a,t)]Be^{n(t-a)}L(a)da \tag{7-5}$$

整理可得：

$$C(t) = (\theta + p)\int_{15}^{80} w(a, t)Be^{n(t-a)}L(a)da + (\theta + p)(1 - \tau - \eta)\int_{15}^{80} h(a, t)Be^{n(t-a)}L(a)da \tag{7-6}$$

二、人口结构的纳入

下面我们从考虑人口规模以及不同年龄人口比重的角度来研究纳入人口结构的消费函数。

当确定了不同年龄段的消费者的数量以及总人口数量时，就可以得到社会的人口结构特征。年龄为 a 至 (a + da) 的绝对人口数为：$Be^{n(t-a)}L(a)da$。那么按年龄进行加总就可得出在 t 时刻的总人口数，除以总人口数就可得出在 t 时刻年龄在 a 至 (a + da) 的人口占总人口的比例，以 L (a)da 表示。我们只考虑 15~80 岁的群体，那么整个社会中的人口总数为 $P(t) = \int_{15}^{80} Be^{n(t-a)} L(a)da$。t 时刻，年龄为 a 的人口数量占总人口的比重 L(a)da 为：

$$L(a)da = \frac{Be^{n(t-a)}L(a)da}{\int_{15}^{80} Be^{n(t-a)}L(a)da} = \frac{Be^{nt}e^{-na}L(a)da}{Be^{nt}\int_{15}^{80} e^{-na}L(a)da} = \frac{e^{-na}L(a)da}{\int_{15}^{80} e^{-na}L(a)da}$$

$$(7-7)$$

上述推导是假设 L (a) 对于所有年龄都相同。出生率和死亡率不变的假设，可以得出出生人数和人口都以指数增长。出生率 β 的现出生人数与 a 年前的出生人数之比为 $βe^{-na}$，预期存活的人数为 $βe^{-na}L(a)da$。如果我们考虑 t 时刻为单位人口，则有 $\int_{15}^{80} βe^{-na}L(a)da = 1$。出生率 $β = \dfrac{1}{\int_{15}^{80} e^{-na}L(a)da}$。

L (a)da 是 t 时刻年龄为 a 至 (a + da) 的部分，所以对人口结构的加总之和为 1，可以得出：$\int_{15}^{80} L(a)da = 1$。因此便有：

$$L(a)da = βe^{-na}L(a)da \qquad (7-8)$$

三、纳入人口结构的中国居民消费函数

由此，我们可以得到在 t 时刻年龄为 a 的人口数量的另一种表达方式：$q(a, t) = P(t)L(a)da$。此表达式的含义是，在 t 时刻年龄为 a 的人口数量等于 t 时刻的总人口数乘以年龄为 a 的人口占总人口的比重，则 t 时刻社会中年龄为 a 的消费者的消费为：$C(a, t) = c(a, t)P(t)L(a)da$。在得出 t

时刻社会中年龄为 a 的消费者的消费之后，对年龄进行加总就可得出在 t 时刻整个社会的总消费函数：

$$C(t) = \int_{15}^{80} c(a,\ t)P(t)L(a)da = P(t)\int_{15}^{80}(\theta+p)\big[w(a,\ t)+(1-\tau-\eta)$$
$$h(a,\ t)\big]L(a)da \tag{7-9}$$

化简整理可得：

$$C(t) = P(t)(\theta+p)\left\{\int_{15}^{80}\big[w(a,\ t)+h(a,\ t)\big]L(a)da\right\} - (\tau+\eta)P(t)(\theta+p)$$
$$\int_{15}^{80}h(a,\ t)L(a)da \tag{7-10}$$

对于各年龄段的物质资本我们无须过多考虑，这里需要进一步讨论的是养老金缴费率和家庭转移支付比率对消费函数的影响。考虑到未来延迟退休政策的实行，本书以 65 岁作为退休年龄。假设家庭中代际转移支付是平衡的，在代表性消费者年轻时期向家庭中老年人转移支付的现值和其在年老时期得到家庭中青年人的转移支付现值是相等的。经进一步整理可得：

$$C(t) = P(t)(\theta+p)\left\{\int_{15}^{80}\big[w(a,\ t)+h(a,\ t)\big]L(a)da\right\} - \tau P(t)(\theta+p)$$
$$\int_{15}^{80}h(a,\ t)L(a)da \tag{7-11}$$

$P(t)\int_{15}^{80}w(a,\ t)L(a)da = W(t)$，即 t 时刻所有年龄人口的总物质财富。

$P(t)\int_{15}^{80}h(a,\ t)L(a)da = H(t)$，即 t 时刻所有年龄人口的总人力资本。

由于消费者在退休之前缴纳养老金并且向家庭支付正的转移，退休之后他们得到养老金并且支付负的家庭转移。进一步分解整理可得：

$\tau P(t)\int_{15}^{65}h(a,\ t)L(a)da = F(t)$，即 t 时刻工作年龄人口缴纳的养老保险基金。

由于中国实行的是"统账分离"的养老保险制度，基本养老保险基金账户收入主要由在职职工缴纳和企业统筹两部分组成。为便于后续检验，本书用 F(t) 代表 t 时刻基本养老保险基金账户收入。

$\tau P(t)\int_{65}^{80}h(a,\ t)L(a)da = E(t)$，即 t 时刻退休年龄人口领取的养老保险基金。退休年龄人口数量与基本养老保险基金账户支出呈正相关关系，

$E(t) = AL(a_{65-80}, t)$。A 为常数项，$L(a_{65-80}, t)$ 为 t 时刻退休年龄人口占比。

经化简整理式（7-11）可得：

$$c(t) = (\theta + p)[w(t) + H(t) - F(t) - E(t)] \qquad (7-12)$$

代入基本养老保险基金收入和支出的表达式可得：

$$c(t) = (\theta + p)[w(t) + H(t) - F(t) - AL(a_{65-80}, t)] \qquad (7-13)$$

死亡率 p 和时间偏好率 θ 为参变量。省去时间因子 t，得到了总消费函数的一般形式：

$$C = C(W, H, F, L(a_{65-80})) \qquad (7-14)$$

可以看出，消费函数受社会物质资本 W、人力资本 H、基本养老保险基金收入 F、老年人口占比 $L(a_{65-80})$ 的影响。运用时间序列数据进行统计检验，可以分析一个国家在人口老龄化的过程中，资本的变化、基本养老保险基金收入以及老年人口比重上升时对消费函数的影响。

第四节　几个说明：关于纳入人口结构的中国居民消费函数

一、养老金缴费率和中国社会保障政策

在代表性消费者的物质资本运动方程中，为了分析养老金比例变化对代表性消费者消费的影响，我们加入了养老金缴费率，代表性消费者要根据自己的收入按照养老金缴费率缴费。但是，正如第五章的分析，中国实行分立的社会保障制度，国家机关、事业单位、企业单位、农村地区和自谋职业等不同群体的养老金标准、所承担的养老金义务、适用的社会保障政策是不一样的。现阶段，国家机关和事业单位的职员个人不承担缴费义务，养老费用完全由国家财政承担，企业单位、农村居民以及参加社保的自谋职业者个人定期需要缴纳养老保险。所以，我们的代表性消费者的预算约束没有反映出中国分立社会保障制度下的实际情况，社会全体消费者的个人缴费部分无法满足也不能代表退休之后的养老金总需求。

二、家庭转移比例和中国传统文化

在中国的传统文化中，尊老、养老是"儒家思想"中"孝道"文化的核心。中西方对孝文化的理解存在很大差异，中国传统的孝文化在历史上发挥着重要的社会保障职能，西方国家家庭和家族观念淡薄，养老从来就不是家庭的必然责任。对消费函数的推导中，我们把家庭转移比例纳入代表性消费者的物质资本运动方程，目的在于将这一特征在居民的消费函数中予以体现。在消费函数加总中，我们假设代表性消费者年轻时期向家庭中老年人转移支付的现值和其在年老时期得到家庭中青年人的转移支付现值相等，但在实际情况中，青年人向老年人的代际转移往往是逐渐提高的。对于代表性消费者而言，家庭转移的正向支付和负向支付的现值可能不相等，如果消费者存在上述预期，那么对代表性消费者的消费行为会产生影响。

三、人口稳定理论

推导纳入人口结构的消费函数，有两个重要的环节：第一，给出包含年龄因素的个体消费函数 c_{at}；第二，给出 t 时刻的人口分布函数 q_{at}。在确定人口分布函数 q_{at} 时，我们运用了人口学的稳定理论。人口学稳定理论的背景是死亡率和生育率固定不变的状态，当年龄别生育率和死亡率在相当长一段时间内恒定不变时，社会就会出现一个相对稳定的年龄结构，稳定模型是生命表静止模型所描述的出生等于死亡的特例在实际应用中的发展。尽管稳定模型是有条件限制的，但这些条件在很多应用中都可以接受。为了弥补稳定理论中出生率等于死亡率研究假设，我们在推导个体消费函数时引入了出生率不等于死亡率的假设。

四、单一的养老金缴费率与中国分立的社会保障体制

在代表性消费者消费函数的动态预算约束条件中，我们纳入了唯一的养老金缴费率，假设社会中劳动者都按照统一的养老金缴费率缴纳养老保险。这一点和中国目前的社会保障现状是不符的。中国目前实行的是分立

的社会保障体制，大致可以按照国家机关、事业单位、企业单位、农村居民和自由职业者等分为几个不同的层次。然而，在模型中我们无法对这一复杂的特征予以描述。

但是，中国目前正在逐步探索如何建立统一的养老保障体系，通过建立统一的养老保险体系，消除不同群体之间的退休养老金差异。因此，在这个意义上，我们的模型对于探索中国由分立的社会保障体系向统一的社会保障体系过渡提供了一个初步的参考。

第五节　中国居民消费函数的实证检验

一、计量模型

在推导出如 $C = C(W, H, F, L(a_{65-80}))$ 的消费函数的一般形式后，我们将选取数据对纳入人口结构的消费函数进行实证检验。如上所述，从表达式中可以看出，消费函数受物质财富 W、人力财富 H、基本养老保险基金收入 F、老年人口占总人口的比重 $L(a_{65-80})$ 的影响。可以用上述消费函数观察在一段时期内某一年龄结构变化对全社会消费行为的影响。

为了剔除物价因素变动的影响，我们对居民物质财富、居民可支配收入、城镇居民离休和退休费用用城市居民消费价格指数予以处理。需要特别说明的是，2007 年开始，中国统计年鉴城乡居民人民币储蓄存款年底余额项目下不再分解提供城镇居民储蓄存款余额和农村居民储蓄存款余额。根据城镇居民储蓄存款占城乡居民储蓄存款余额的历史比重，本书以82% 的比重对 2007 年之后城镇居民储蓄存款余额按照年鉴中提供的城乡居民储蓄存款余额进行了估算（见表 7-1）。

表 7-1　纳入人口结构的中国居民消费函数变量说明

变量符号	变量含义	变量数据说明	数据来源
C	居民实际总消费	城镇居民实际消费支出	国家统计局网站；《中国统计年鉴》（2014）

变量符号	变量含义	变量数据说明	数据来源
Y	实际人力资本	城镇居民实际可支配收入	国家统计局网站；《中国统计年鉴》（2014）
W	实际物质财富	城镇居民实际储蓄存款	
F	基本养老保险基金收入	中国居民实际离休和退休费用	
L(a65⁺)	65岁及以上人口占总人口比重	人口数量（65岁及以上人口）/总人口数量	

在消费函数的理论分析中，我们假定实际消费需求 C 与居民实际人力资本 Y、居民实际物质财富 W、基本养老保险基金收入 F、老年人口（65岁及以上）占总人口的比重 L_{old} 是呈正向关系的。在上述消费函数的推导中，忽略了两个重要事实：首先，城镇居民和农村居民的消费函数不同；其次，中国居民目前可支配收入不仅仅来自工资收入。如果考虑到上述两个因素，消费函数形式将不发生变化（余永定，2000）。

二、数据来源及说明

表 7-2 纳入人口结构消费函数的相关数据

年份	C（亿元）	Y（亿元）	W（亿元）	F（亿元）	L(a65⁺)
1993	74.90	73.64	100.00	4.34	0.0615
1994	98.19	95.57	134.40	5.66	0.0636
1995	141.57	128.98	200.80	8.13	0.0620
1996	179.28	165.91	215.40	10.77	0.0641
1997	210.14	197.45	360.20	12.98	0.0654
1998	240.92	227.09	432.70	14.68	0.0670
1999	274.61	259.47	491.20	19.91	0.0690
2000	311.27	286.00	515.60	22.60	0.0696
2001	341.72	327.41	595.20	24.72	0.0710
2002	384.44	390.68	722.40	32.04	0.0730
2003	411.98	439.78	576.40	36.47	0.0750
2004	458.42	495.09	956.00	41.48	0.0760
2005	534.65	580.54	1146.40	50.13	0.0770
2006	605.71	675.31	1305.43	62.17	0.0790

续表

年份	C（亿元）	Y（亿元）	W（亿元）	F（亿元）	L（a65⁺）
2007	710.09	799.88	1353.86	74.97	0.0810
2008	819.11	932.55	1691.91	92.24	0.0830
2009	968.66	1118.04	2157.75	115.95	0.0850
2010	1089.60	1240.22	2409.96	130.03	0.0890
2011	1286.39	1474.33	2675.99	160.44	0.0910
2012	1492.83	1748.73	3190.18	194.75	0.0940
2013	1660.14	1968.20	3577.32	221.06	0.0970

数据来源：国家统计局网站；《中国统计年鉴》（2014）。

消费数据取自支出法核算下国内生产总值中的城镇居民消费部分（见表7-2）。居民的人力资本用城镇居民的可支配收入反映，城镇居民可支配收入是由城镇居民人均可支配收入和城镇居民人口数相乘计算得出的；居民物质财富取自城镇居民的储蓄存款；基本养老保险基金收入为每年基本养老保险基金账户收入余额。

上述数据可能并不能很好地反映居民人力资本、物质财富，但是数据的变化趋势是本书分析所需要的。

三、实证检验

1.平稳性检验

为分析居民消费、人力资本、物质财富、老年人口比重及基本养老保险基金收入之间是否存在协整关系与因果关系，需要对以上变量的时间序列进行平稳性检验，以剔除相应变量的时间序列单位根，使得反映各变量的时间序列均为平稳性时间序列，以避免变量之间出现伪回归，从而影响实证检验的可靠性与科学性。通过ADF检验，得到各变量的平稳性检验结果（见表7-3）。

表7-3　各变量平稳性ADF单位根检验结果

变量名称	检验类型	选项	ADF统计量	显著性	临界值	P值	平稳性
ln C	原序列	None	8.1451	5%	-1.959	1.0000	不平稳
	一阶差分		-2.9871	1%	-2.6700	0.0051	平稳 I（1）
ln Y	原序列	None	10.1976	5%	-1.9591	1.0000	不平稳
	一阶差分		-1.8940	5%	-1.9614	-1.961	平稳 I（1）

变量名称	检验类型	选项	ADF 统计量	显著性	临界值	P 值	平稳性
ln W	原序列	None	4.2459	5%	−1.9591	0.9999	不平稳
	一阶差分	Intercept	−5.6747	1%	−3.8315	0.0002	平稳 I（1）
ln F	原序列	None	2.8377	5%	−2.7175	0.9972	不平稳
	一阶差分	Intercept	−3.7391	5%	−3.0522	0.0134	平稳 I（1）
ln L	原序列	Intercept	1.4329	5%	−3.0207	0.9983	不平稳
	一阶差分		−5.4451	1%	−3.8315	0.0003	平稳 I（1）

从原序列检验结果看，5 个数据均存在单位根，不是平稳序列。在 5% 的显著性水平下，5 个一阶差分序列是平稳序列。在此基础上，可以进一步做协整检验和格兰杰检验。

2. 格兰杰检验

根据上述检验结果，可以分析城镇居民实际消费支出与城镇居民实际可支配收入、基本养老保险基金实际收入、城镇居民实际物质财富、65 岁及以上老年人口比重之间的格兰杰（Granger）因果关系（见表7-4）。

表7-4　各变量格兰杰（Granger）检验结果

原假设	样本量	F 统计量	P 值（概率）
ln Y 不是 ln C 的格兰杰原因		10.2838	0.0018
ln C 不是 ln Y 的格兰杰原因		4.2932	0.0352
ln F 不是 ln C 的格兰杰原因		10.2734	0.0018
ln C 不是 ln F 的格兰杰原因		4.0934	0.0398
ln W 不是 ln C 的格兰杰原因		0.1227	0.8855
ln C 不是 ln W 的格兰杰原因	19	4.1959	0.0373
ln L 不是 ln C 的格兰杰原因		15.7363	0.0003
ln C 不是 ln L 的格兰杰原因		22.5869	4.E−05
ln L 不是 ln W 的格兰杰原因		2.6431	0.1062
ln L 不是 ln F 的格兰杰原因		3.2868	0.0676
ln L 不是 ln Y 的格兰杰原因		5.0493	0.0223

（1）在 1% 的置信水平上，城镇居民实际可支配收入的变化可以引起城镇居民实际消费支出的格兰杰变化。在 5% 的置信水平上，城镇居民实际消费支出可以引起城镇居民实际可支配收入的格兰杰变化。两者存在双向影响关系。

（2）在1%的置信水平上，基本养老保险基金实际收入的变化可以引起城镇居民实际消费支出的格兰杰变化。在5%的置信水平上，城镇居民实际消费支出的变化可以引起基本养老保险基金实际收入的变化。两者存在双向影响关系。

（3）在5%的置信水平上，城镇居民实际消费支出的变化可以引起城镇居民实际物质财富的格兰杰变化，而反向不成立。两者存在单向影响关系。

（4）在1%的置信水平上，65岁及以上老年人口比重的变化可以引起城镇居民实际消费支出的格兰杰变化，反向也成立。两者存在双向影响关系。

（5）在10%的置信水平上，65岁及以上老年人口比重的变化不会引起城镇居民物质财富的格兰杰变化。

（6）在10%的置信水平上，65岁及以上老年人口比重的变化可以引起基本养老保险基金实际收入以及城镇居民实际可支配收入的格兰杰变化。

3. 协整检验

从表7-5中可以看出，1993~2013年城镇居民实际消费支出、城镇居民实际可支配收入、城镇居民实际物质财富、基本养老保险基金实际收入、65岁及以上老年人口比重存在三组协整关系。

表7-5　各变量协整检验结果

原假设	特征值	滞后阶数	迹统计量	临界值	概率
不存在协整关系	0.9724		130.4491	69.8189	0.0000
存在1组协整关系	0.8070	2	62.2575	47.8561	0.0013
存在2组协整关系	0.6448		31.0005	29.7971	0.0362
存在3组协整关系	0.4431		11.3343	15.4945	0.1918

4. OLS回归结果

函数形式运用对数形式，因此回归方程各变量系数的含义分别就是实际消费对各变量的弹性系数。该弹性系数可以反映出各解释变量对实际消费的影响程度。

模型中的物质财富、基本养老保险基金无法解释实际消费的变化。运用最小二乘回归可以得出以下估计方程：

$$\ln C = \underset{(-2.0741)}{-2.9887} - \underset{(-2.3120)}{0.9063} \times \ln L + \underset{(3.3553)}{1.0817} \times \ln Y \tag{7-15}$$

如表7-6所示，方程拟合优度非常好，达到了0.9982。常数项通过了显著性水平为 10%的 T 检验，65 岁及以上老年人口比重通过了显著性水平为 5%的 T 检验，城镇居民可支配收入通过了显著性水平 1%的 T 检验。在没有考虑虚拟变量的情况下，说明方程的设定是成功的。

表 7-6　纳入人口结构的中国居民消费函数 OLS 结果

	常数项	ln W	ln Y	ln L	ln F
系数	−2.9887* (−2.0741)	0.06286 (0.7715)	1.0817*** (3.3553)	−0.9063** (−2.3120)	−0.0862 (−0.3387)
样本数量	21				
Adj R²	0.9982				
F 值	2751.31				
D. W.	0.4963				

注：*** 表示通过 α = 0.01 的 T 检验；** 表示通过 α = 0.05 的 T 检验；* 表示通过 α = 0.10 的 T 检验。

检验结果显示，65 岁及以上老年人口比重与城镇居民消费实际支出呈负向关系，城镇居民实际可支配收入与城镇居民实际消费支出呈正向关系，城镇居民实际物质财富、基本养老保险基金实际收入对城镇居民消费实际支出影响不显著。

四、结论分析

运用 1993~2013 年的时间序列数据，对推导出的纳入人口结构的消费函数进行检验，从检验结果上看，可以得出以下结论：

1. 城镇居民实际消费和居民实际收入呈正向关系变动

中国城镇居民的实际消费对实际收入的弹性系数平均为 1.0817，城镇居民实际收入每变动 1%可以引起社会实际总消费变动 1.0817%。余永定、李军（2000）用 1978~1998 年数据对中国居民消费函数检验的结果显示，实际消费对实际收入的弹性为 0.313。相比而言，中国居民的消费弹性有所提高。

2. 城镇居民实际消费与 65 岁及以上老年人口比重呈反向关系变动

城镇居民实际消费和 65 岁及以上老年人口比重的弹性系数为−0.9063，说明老年人口占总人口比重提高 1%就会引起社会实际总消费下降−0.9063%。原因可能在于：在 1993~2013 年年龄为 65 岁及以上的老年人口出生于 1930~1950 年，"勤俭节约"的生活习惯一直影响这一年龄群体。他们的老年消费需求不高，只满足于每日正常的生活消费。由此可见，老年人口比重增加对实际消费的影响并不是像一些研究所判断的那样是一直上升的。可能的结论是：不同国家在不同的时期，拥有不同文化和社会背景的老年人口占总人口的比重上升对于社会总消费的影响是不确定的。因此，过去很多研究得出老年人口数量增加会减少储蓄、增加消费的结论是值得推敲的。

另外，城镇居民实际物质财富和基本养老保险实际收入对城镇居民实际消费影响不显著。

本章小结

本章对纳入人口结构的中国居民消费函数进行了理论推导和实证检验，这是本书的创新之处，结合第四章推导出的代表性居民的消费函数，对第六章所描述的纳入人口结构的消费函数进行了理论推导。为了使研究更符合人口学的要求，运用人口学的稳定理论引入了人口结构。最终得出纳入人口结构的中国居民消费函数受以下因素影响：人口规模、时间偏好率、死亡率、社会居民总的物质财富、人力资本、基本养老保险基金收入和人口结构。

推导出的纳入人口结构的消费函数是在一系列简化假设下完成的：第一，代表性消费者采用单一的养老金缴费比率。中国目前实行分立的社会保障政策，国家机关、事业单位、企业、农村和自谋职业者享有的养老金标准、承担的义务是不一样的，模型中分层次对上述实际情况予以分析比较困难。第二，家庭中代际转移支付是平衡的。代表性消费者在年轻时期向家庭中老年人转移支付的现值和其在年老时期得到家庭中青年人的转移支付现值是相等的，这样考虑是为了避免代表性消费者在年轻时期和年老时期家庭转移支付不平衡而对消费产生影响。

本书运用中国 1993~2013 年的时间序列数据对推导出的纳入人口结构的中国居民消费函数进行了检验，检验结果显示，中国城镇居民的实际消费与城镇居民实际可支配收入存在正向关系，与 65 岁及以上老年人口比重呈负向关系。通过检验发现，1993~2013 年城镇居民物质财富和基本养老保险基金实际收入对城镇居民实际消费的影响不显著。

65 岁及以上老年人口比重与中国居民实际消费呈负向关系，老年人口比重每增加 1%，中国居民实际消费就下降 0.9063%。这一结论是很重要的，与"人口老龄化导致储蓄下降、消费上升"的判断大相径庭。1993~2013 年，国内基本养老保险制度正处于建设初期，基本养老保险基金收入对城镇居民实际消费支出影响不显著。

第八章 结 语

第一节 研究结论

本书对"人口老龄化下经济存在持续增长的可能性"的假设进行了理论和经验论证。在理论论证中，我们以两个人口红利实现为分析前提，在物质资本、人力资本和技术进步的新古典经济增长理论框架下，讨论了老龄化对经济增长的影响。

研究得出的结论是，如果储蓄率的下降能够引起物质资本、人力资本或者政府养老支出的上升，并且储蓄率的变化和其他三个变量的变化满足一定的数量关系时，老龄化造成的储蓄率下降不会影响到经济增长。储蓄率下降的负面影响会被物质资本、人力资本和政府养老支出的提高而抵消。但是物质资本由于受资本边际收益递减规律的影响，即使下降的储蓄全部转换成物质资本，物质资本对经济增长促进作用的实现也只是在一定资本存量范围内。同样，如果下降的储蓄全部被用于政府养老支出，由于受边际消费倾向小于 1 的影响，通过消费拉动经济增长的效果是有限的。然而，人力资本是不受资本边际收益递减规律影响的[①]，如果下降的储蓄

[①] 曼昆等（1992）提出"扩展的索洛模型"，这类模型的主要特点是资本的概念被扩展，包括了"人力资本"；罗默（1986）提出资本积累正外部效应的概念，假设个别企业从事投资活动所获得的知识将传播到整个经济之中，从而取代了资本积累收益递减的假设；罗默（1990）提出作为企业优化活动结果，知识积累导致技术进步的内生增长理论，其核心思想是：广义资本积累（实物资本和人力资本）不会导致收益递减，经济增长是由广义资本积累和通过研究与开发产生的新知识所推动的。余永定：《开放宏观经济学——理论与中国问题》，中国社会科学院 A 类重大课题2008年。

全部转化成人力资本投资，由于人力资本的边际收益不是递减的，那么人力资本对于经济增长的推动作用是可持续的。因此，加大人力资本投资是应对老龄化对经济增长负面影响的有力措施。

人力资本投资的不断加大必然推动技术进步水平不断提高。本书运用理论模型推导得出，老龄化对经济造成的最终影响将取决于消费者消费的时间偏好率与技术进步。时间偏好率代表消费者对效用的重视程度，时间偏好率越大表示消费者越看重当期的消费，反之说明消费者看重未来的消费。老龄化社会消费者对当期消费的重视程度要大于年轻化社会消费者对当期消费的重视程度。时间偏好率的大小代表着一个社会的老龄化程度，时间偏好率越大说明社会老龄化程度越高，反之则说明社会老龄化程度较低。而人力资本水平的提高最终将从技术进步程度体现出来，通过加大人力资本投资以提高技术进步水平，可以避免老龄化对经济的负面影响。在理论推导中，本书刻画出消费和资本的变化路径，资本的最终位置将取决于时间偏好率和技术进步的变化，资本的边际收益等于时间偏好率减去技术进步。老龄化对经济增长的最终影响有以下几种情形：

第一，如果老龄化过程中技术水平没有发生变化，而时间偏好率上升，这种情形下，资本边际收益增加，说明资本存量减少，经济中的资本存量向远离黄金资本存量的方向移动。因此，老龄化造成经济中资本存量的减少，经济增长受到影响。

第二，如果老龄化过程中技术水平提高且提高的幅度等于时间偏好率上升的幅度，这种情形下，资本边际收益不发生变化，仍处在原来的水平，经济中的资本存量没有发生变化。因此，老龄化对经济造成的负面影响完全被技术进步所抵消。

第三，如果老龄化过程中技术水平提高的幅度大于时间偏好率的上升幅度，这种情形下，资本边际收益减少，说明经济中的资本存量增加并向靠近黄金资本存量的方向移动。因此，老龄化对经济的负面影响不但被完全抵消，而且还因为技术进步而推动了经济进一步增长。

本书对老龄化下日本经济的调查是对本书理论模型的一个验证。毫无疑问，日本正面临老龄化问题的严峻考验，老年人口数量的快速增加以及社会保障范围、力度的不断加大都给日本带来了巨大的压力。但是正如前文所述，日本对第一人口红利的利用程度是较高的，这也是日本经济快速发展的原因之一。在微观层面，虽然日本的失业率远低于其他发达国家，但是由于日本实行不同于西方的企业管理制度等原因，可以发现日本的劳动力没有被充分利用。日本的老年人是富有的，他们对家庭中孩子的依靠程度在逐渐降低，相反，日本的老年人对家庭中的孩子提供支持。日本政府历来重视教育，进入老年时期的日本人接受过较好的教育，他们对新的技术仍然可以很好地学习、理解、掌握和运用，在工作中积累的经验对于日本经济的发展而言仍然是一笔不小的财富。日本学者对日本家庭储蓄率调查的结果显示，劳动家庭的储蓄率在不断上升，虽然未来非工作家庭的比例会显著上升，从而使得家庭储蓄率下降，但是，劳动家庭储蓄率的上升会抵消这种下降，所以从整个家庭的储蓄率来看，储蓄率基本保持不变。日本的宏观经济表现在发达国家中仍然较好。本书认为，日本近年来经济变化更多的是受全球经济一体化的影响，日本经常账户长期保持盈余，海外投资为日本带来了丰厚的投资收益。老龄化下，日本可以通过更多的海外投资而实现对海外劳动力的利用，以弥补国内劳动力不足的影响，实现经济持续增长。

本书应用理论模型推导出的代表性消费者的消费函数与人口稳定理论相结合，探索性地得出了纳入人口结构的中国居民消费函数，纳入人口结构的中国居民消费函数受人口规模、时间偏好率、死亡率、物质财富、人力资本、人口结构和基本养老保险基金收入七个因素的影响。本书应用中国 1993~2013 年的时间序列数据对该消费函数进行了检验。在检验中发现，在 1993~2013 年，城镇居民实际物质财富和基本养老保险基金实际收入对中国居民消费函数的影响不显著；城镇居民实际可支配收入对城镇居民实际消费的影响程度较高，富有弹性；而 65 岁及以上老年人口比重与城镇居民消费呈负向关系。此结论不支持过去形成的"老龄化引起消费上升、储蓄下降"的观点。检验结果表明，理论模型和经验分析在很大程度上是吻合的。

第二节　政策建议

人口老龄化是大多数国家都必然经历的。中国拥有近 14 亿人口，是世界上人口规模最大的国家。中国经济带有典型的二元经济的特征，农村积累了大量的剩余劳动力。可以预见，人口老龄化对于中国的挑战将是巨大的。同很多发达国家不同，中国对第一人口红利的利用程度相对较低，城乡的很多劳动力资源并没有得到充分利用，社会财富积累水平不高，未来人均资本处于一个较低的水平。但是，社会保障带给中国的压力将是巨大的，"未富先老"将严重影响中国经济未来的发展。为了应对老龄化对中国经济的挑战，本书提出如下政策建议：

第一，充分利用人口红利。中国对劳动力的利用程度是较低的，特别是在农村。就业机会的不均等和相对不足，造成了中国人口红利的利用程度较低。人口红利对于经济增长的推动作用是明显的，中国经济多年来的高速增长与人口结构转型是分不开的。要成功应对人口老龄化，需要提高就业水平，对劳动力进行充分利用。一方面，可以增加社会财富的积累，为进入老龄化社会作准备；另一方面，可以减轻未来社会保障的巨大压力。

第二，改革社会保障制度。中国目前实行分立的社会保障制度，不同工作性质、工作岗位的人员退休之后领取的养老金收入是不一样的。分立的社会保障体制扭曲了劳动力市场，给财政带来了压力并且影响了社会和谐。因此，对当前的社会保障制度进行由现收现付制向基金制的渐进式改革以及扩大社会保障范围、减小社会保障差异和加强社会保障力度是十分必要的。

第三，加大人力资本投入。本书研究得出的结论是，加大人力资本投入、提高技术进步水平是应对老龄化的主要措施。接受教育时间的多少和工资水平的高低在很大程度上是正相关的，中国应加强教育投资，加大对农民工的培训和教育力度，依靠教育投入提高人力资本回报率，通过不断提升的技术进步来减小老龄化对经济的冲击。

第四，减小劳动力流动阻力，加快城市化进程。农村地区拥有丰富的劳动力，这对于中国经济的发展而言是一笔不小的财富。但是，由于种种原因，农村劳动力向城市的转移仍然存在很多障碍，例如户籍制度、就业政策以及农村子女接受教育的权利等。这些都影响了劳动力资源的有效配置，影响了规范、统一的劳动力市场的建立。劳动力流动和加快城市化进程是相辅相成的，劳动力速度的加快有助于城市化进程的加快，而城市化进程的加快增加了对劳动力的需求。减少制度性约束、建立起规范统一的劳动力市场，是中国有效配置劳动力资源的重要前提。

附　录

附录一

$dw(s, t)/dt = r(t)w(s, \ t) + (1 - \tau - \eta)y(s,t) - c(s, \ t)$

两边同乘 $e^{-\int_t^v r(u)du}$，可得：

$\dot{w}(s, \ t)e^{-\int_t^v r(u)du} = rw(s, \ t)e^{-\int_t^v r(u)du} + (1 - \tau)y(s, t)e^{-\int_t^v r(u)du} - c(s, t)e^{-\int_t^v r(u)du}$

$\Rightarrow \int_t^d \dot{w}(s, v)e^{-\int_t^v r(u)du}dv = \int_t^d r(v)w(s, \ v)e^{-\int_t^v r(u)du}dv + \int_t^d (1 - \tau - \eta)y(s, v)$

$e^{-\int_t^v r(u)du}dv - \int_t^d c(s, \ v)e^{-\int_t^v r(u)du}dv$

$\Rightarrow \int_t^d e^{-\int_t^v r(u)du}dw(s, \ v) = \int_t^d w(s, \ v)e^{-\int_t^v r(u)du}d\int_t^v r(u)du + (1 - \tau - \eta)$

$\int_t^d y(s, \ v)e^{-\int_t^v r(u)du}dv - \int_t^d c(s, \ v)e^{-\int_t^v r(u)du}dv$

$\left.\begin{array}{l} \int_t^d w(s, \ v)e^{-\int_t^v r(u)du}d\int_t^v r(u)du = -\int_t^d w(s, \ v)de^{-\int_t^v r(u)du} \\[4mm] = -w(s, \ v)e^{-\int_t^v r(u)du}\Big|_t^d + \int_t^d e^{-\int_t^v r(u)du}dw(s, \ v) \\[4mm] -w(s, \ v)e^{-\int_t^v r(u)du}\Big|_t^d = -w(s, \ d)e^{-\int_t^v r(u)du} + w(s, \ t)e^{-\int_t^t r(u)du} \\[4mm] w(s, \ d) = 0 \quad e^{-\int_t^t r(u)du} = 1 \end{array}\right\}$

由

$$\int_t^d c(s,\ t)e^{-\int_t^v r(u)du}dv = w(s,\ t) + (1-\tau-\eta)\int_t^d y(s,\ t)e^{-\int_t^v r(u)du}dv$$

令：$h(s,\ t) = \int_t^d y(s,\ v)e^{-\int_t^v r(u)du}dv$

可以得出：

$$\int_t^d c(s,\ t)e^{-\int_t^v r(u)du}dv = w(s,\ t) + (1-\tau-\eta)h(s,\ t)$$

两边同乘 $r(t)$，可得：

$$r(t)\int_t^d c(s,\ v)e^{-\int_t^v r(u)du}dv = r(t)[w(s,\ t) + (1-\tau-\eta)h(s,\ t)]$$

定义：

$$w(s,\ t) = \int_t^d c(s,\ v)e^{-\int_t^v r(u)du}dv = w(s,\ t) + (1-\tau-\eta)h(s,\ t)$$

附录二

目标函数：

$$\max_{c(s,t)} \int_t^d \ln c(s,\ t)e^{(\theta+p)(v-t)}dv$$

约束条件：

$$\dot{W}(s,\ t) = r(t)W(s,\ t) - c(s,\ t)$$

求解过程：

目标函数：

$$J(W(s,\ t)) = \max_{c(s,t)} \int_t^\infty \ln c(s,\ t)e^{(\theta+p)(v-t)}dv$$

约束条件：

$$dW(s,\ t)/dt = r(t)W(s,\ t) - c(s,\ t)$$

上述问题的 Bellman 方程为：

$$0 = \max_{c(s,t)}\{\ln c(s,\ t)e^{(\theta+p)(s-t)} + J_t(W(s,\ t)) + J_w(W(s,\ t))\dot{W}\}$$

一阶条件：

$$\frac{e^{(\theta+p)(s-t)}}{c(s,\ t)} = J_W$$

猜值函数的形式：

$$J(W(s,\ t)) = \frac{1}{A}\big[\ln W(s,\ t)\big]e^{(\theta+p)(s-t)}$$

$$J_W(W(s,\ t)) = \frac{e^{(\theta+p)(s-t)}}{AW(s,\ t)}$$

$$J_t(W(s,\ t)) = \frac{dW(s,\ t)/dt}{AW(s,\ t)}e^{(\theta+p)(s-t)} - (\theta+p)J(W(s,\ t))$$

可得：$c(s,\ t) = AW(s,\ t)$，将各上式代入 Bellman 方程可得：

$$\ln AW(s,\ t)e^{(\theta+p)(s-t)} + \frac{\dot{W}(s,\ t)}{AW(s,\ t)}e^{(\theta+p)(s-t)} - \frac{(\theta+p)}{A}\big[\ln W(s,\ t)\big]$$

$$e^{(\theta+p)(s-t)} + \frac{e^{(\theta+p)(s-t)}\dot{W}(s,\ t)}{AW(s,\ t)} = 0$$

$$\Rightarrow \ln AW(s,\ t) + \frac{2\dot{W}}{AW(s,\ t)} - \frac{(\theta+p)}{A}\ln W(s,\ t) = 0$$

$$\Rightarrow AW(s,\ t)\ln AW(s,\ t) + 2\dot{W} - W(s,\ t)(\theta+p)\ln W(s,\ t) = 0$$

$$\Rightarrow A\ln AW(s,\ t) + 2(r-A) - (\theta+p)\ln W(s,\ t) = 0$$

$$\Rightarrow A\ln A + A\ln W(s,\ t) + 2(r-A) - (\theta+p)\ln W(s,\ t) = 0$$

对 $W(s,\ t)$ 求导，可得：

$$\frac{A}{W(s,\ t)} - (\theta+p)\frac{1}{W(s,\ t)} = 0$$

$$\Rightarrow A = \theta + p$$

最终可求得个体消费函数：

$$c(s,\ t) = AW(s,\ t) = (\theta+p)\big[w(s,\ t) + (1-\tau-\eta)h(s,\ t)\big]$$

附录三

$$\frac{S_1 - S_0}{Y_0} = \frac{Y_1 - Y_0}{Y_0} - \frac{C_1 - C_0}{Y_0} \Rightarrow \frac{\Delta S}{Y_0} = \frac{\Delta Y}{Y_0} - (\theta + p)(\frac{\Delta W}{Y_0} + \frac{\Delta H}{Y_0} + \frac{\Delta G}{Y_0})$$

$$\Rightarrow \frac{S}{Y} \cdot \frac{\Delta S}{S} = g - (\theta + p)(\frac{\Delta W}{Y} + \frac{\Delta H}{Y} + \frac{\Delta G}{Y})$$

$$\Rightarrow \frac{S}{Y} \cdot \frac{\Delta S}{S} = g - (\theta + p)(\frac{W}{Y} \cdot \frac{\Delta W}{W} + \frac{H}{Y} \cdot \frac{\Delta H}{H} + \frac{G}{Y} \cdot \frac{\Delta G}{G})$$

令 $R_S = \dfrac{\Delta S}{S}$, $R_H = \dfrac{\Delta H}{H}$, $R_G = \dfrac{\Delta G}{G}$, 代入上式可得:

$$\frac{S}{Y} = \frac{g}{R_S} - (\theta + p)(\frac{W}{Y} \cdot \frac{R_W}{R_S} + \frac{H}{Y} \cdot \frac{R_H}{R_S} + \frac{G}{Y} \cdot \frac{R_G}{R_S})$$

$$\Rightarrow \frac{S}{Y} = \frac{g}{R_S} - (\theta + p)(\frac{W}{Y} \cdot \frac{\Delta W}{W} \cdot \frac{S}{\Delta S} + \frac{H}{Y} \cdot \frac{\Delta H}{H} \cdot \frac{S}{\Delta S} + \frac{G}{Y} \cdot \frac{\Delta G}{G} \cdot \frac{S}{\Delta S})$$

$$\Rightarrow \frac{S}{Y} = \frac{g}{R_S} - (\theta + p)(\frac{S}{Y} \cdot \frac{\Delta W}{\Delta S} + \frac{S}{Y} \cdot \frac{\Delta H}{\Delta S} + \frac{S}{Y} \cdot \frac{\Delta G}{\Delta S})$$

$$\Rightarrow \frac{S}{Y} + \frac{S}{Y}(\theta + p)(\frac{\Delta W}{\Delta S} + \frac{\Delta H}{\Delta S} + \frac{\Delta G}{\Delta S}) = \frac{g}{R_S}$$

$$\Rightarrow \frac{S}{Y}[1 + (\theta + p)(\frac{\Delta W}{\Delta S} + \frac{\Delta H}{\Delta S} + \frac{\Delta G}{\Delta S})] = \frac{g}{R_S}$$

$$\Rightarrow \frac{S}{Y}[1 + (\theta + p)(\frac{dW}{dS} + \frac{dH}{dS} + \frac{dG}{dS})] = \frac{g}{R_S}$$

$$\Rightarrow R_S \cdot \frac{S}{Y}[1 + (\theta + p)(\frac{dW}{dS} + \frac{dH}{dS} + \frac{dG}{dS})] = g$$

附录四

储蓄率 $\dfrac{S}{Y}$ 下降 q, $[1 + (\theta + p)(\dfrac{dW}{dS} + \dfrac{dH}{dS} + \dfrac{dG}{dS})]$ 上升 b。

$$R_s \cdot \frac{S}{Y} \left[1 + (\theta + p)\left(\frac{dW}{dS} + \frac{dH}{dS} + \frac{dG}{dS} \right) \right] = g$$

$$\Rightarrow R_s \cdot \frac{S}{Y}(1 - q) \left[1 + (\theta + p)\left(\frac{dW}{dS} + \frac{dH}{dS} + \frac{dG}{dS} \right) \right](1 + b) = g$$

两式相除，可得：

$$b = \frac{q}{1 - q}$$

$R_s \cdot \frac{S}{Y}(1 - q) \left[1 + (\theta + p)\left(\frac{dW}{dS} + \frac{dH}{dS} + \frac{dG}{dS} \right) \right](1 + b) = g$，假设人力资

本和政府养老支出不随储蓄发生变化，则 $\frac{dH}{dS}$ 和 $\frac{dG}{dS}$ 为零。则变化后有下式：

$$\left[1 + (\theta + p)\frac{dW_0}{dS_0} \right](1 + b) = \left(1 + (\theta + p)\frac{dW_1}{dS_1} \right)$$

$$\Rightarrow \left[1 + (\theta + p)\frac{dW_0}{dS_0} \right](1 + b) = \left(1 + (\theta + p)\frac{dW_1}{dS_1} \right)$$

$$\Rightarrow 1 + b + (\theta + p)\frac{dW_0}{dS_0} + b(\theta + p)\frac{dW_0}{dS_0} = \left(1 + (\theta + p)\frac{dW_1}{dS_1} \right)$$

整理可得：

$$\Rightarrow \frac{dW_1}{dS_1} = \frac{b}{\theta + p} + (1 + b)\frac{dW_0}{dS_0}, \quad 代入 b = \frac{q}{1 - q}，可得：$$

$$\Rightarrow \frac{dW_1}{dS_1} = \frac{q}{(\theta + p)(1 - q)} + \left(\frac{1}{1 - q} \right)\frac{dW_0}{dS_0}$$

参考文献

蔡昉：《人口转变、人口红利与经济增长可持续性——兼论充分就业如何促进经济增长》，《人口研究》2004 年第 28 卷第 2 期。

蔡昉：《中国经济面临的转折基期对发展和改革的挑战》，《中国社会科学》2007 年第 3 期。

蔡昉、都阳、王美艳：《人口转变新阶段与人力资本形成特点》，《中国人口科学》2001 年第 2 期。

蔡昉、孟欣、王美艳：《中国老龄化趋势与养老保障改革》，《国际经济评论》2004 年第 7-8 期。

蔡昉、王美艳：《"未富先老"对经济增长可持续性的挑战》，《宏观经济研究》2006 年第 6 期。

龚六堂、林忠晶：《养老保险制度研究框架评述》，《经济学动态》2008 年第 6 期。

龚六堂：《动态经济学方法》，北京大学出版社 2002 年版。

巩勋洲：《人口红利、财富积累与经济增长》，《中国人口科学》2008 年第 6 期。

巩勋洲：《人口老龄化背景下的日本经济：一个调查》，《国际经济评论》2009 年第 3-4 期。

贺菊煌：《根据生命周期假说建立消费函数》，《数量经济技术经济研究》1995 年第 8 期。

李公绰：《战后日本的经济起飞》，湖南人民出版社 1988 年版。

李文星、徐长生、艾春荣：《中国人口年龄结构和居民消费函数：1984~2004》，《经济研究》2008 年第 7 期。

林忠晶、龚六堂：《退休年龄、教育年限与社会保障》，《经济学》（季刊）2007 年第 10 期。

刘永平、陆铭：《从家庭养老角度看老龄化的中国经济能否持续增长》，

《世界经济》2008 年第 1 期。

［美］戴维·罗默：《高级宏观经济学》，苏剑等译，商务印书馆 2001 年版。

［美］罗伯特·J. 巴罗、哈维尔·萨拉伊马丁：《经济增长》，何晖等译，中国社会科学出版社 2000 年版。

［美］内森·凯菲茨：《应用数理人口学》，郑真真等译，华夏出版社 2000 年版。

［美］朱利安·L. 西蒙：《人口增长经济学》，彭建松等译，北京大学出版社 1984 年版。

任波：《中国养老制度改革大事记》，《财经》2006 年第 26 期。

万广华、张茵、牛建高：《流动性约束、不确定性与中国居民消费》，《经济研究》2001 年第 11 期。

汪松寿：《孝道文化浅析》，新华网，2008 年 3 月 5 日。

王金营、付秀彬：《考虑人口年龄结构变动的中国消费函数计量分析》，《人口研究》2006 年第 30 卷第 1 期。

王仁言：《人口年龄结构、贸易差额与中国汇率政策的调整》，《世界经济》2003 年第 9 期。

徐晟：《人口年龄结构影响国际收支的传导机制：中国人口红利的削减与国际收支双顺差》，《财贸经济》2008 年第 5 期。

颜维琦：《农民工养老保险办法破冰》，《光明日报》2009 年 2 月 8 日。

余永定等：《西方经济学》（第三版），经济科学出版社 2002 年版。

余永定：《通过加总推出的总供给曲线》，《经济研究》2002 年第 9 期。

余永定：《开放宏观经济学——理论与中国问题》，中国社会科学院 A 类重大课题 2008 年。

余永定、李军：《中国居民消费函数的理论与验证》，《中国社会科学》2000 年第 1 期。

袁志刚、宋铮：《城镇居民消费行为变异与我国经济增长》，《经济研究》1999 年第 11 期。

袁志刚、宋铮：《人口年龄结构、养老保险制度与最优储蓄率》，《经济研究》2000 年第 11 期。

袁志刚、朱国林：《消费理论中的收入分配与总消费》，《中国社会科学》2002 年第 2 期。

张车伟：《人口老龄化的经济后果基期战略对策》，《湖南社会科学》2006

年第 4 期。

张车伟:《人力资本回报率变化与收入差距:"马太效应"及其政策含义》,《经济研究》2006 年第 12 期。

郑秉文、孙守纪、齐传君:《公务员参加养老保险统一改革的思路——"混合型"统账制度下的测算》,《公共管理学报》2009 年第 6 卷第 1 期。

郑秉文、孙守纪:《第二十二章 我国社会保障制度改革 30 年》,载邹东涛主编《发展和改革蓝皮书:中国经济发展和体制改革报告 No.1——中国改革开放 30 年》,社会科学文献出版社 2008 年版。

Ahlburg D. A., "Does Population Matter?", *Population and Development Review*, 28, 2, 2002.

Ahlburg D. A. and D. J. Flint, "Public Health Conditions and Politics in the Asia Pacific Region", *Asian-Pacific Economic Literature*, 15, 2001.

Ahlburg D. A. and E. R. Jensen, "Education and the East Asian Miracle", in Andrew Mason (eds.), *Population Change and Economic Development in East Asia: Challenges Met, Opportunities Seized*, Stanford, CA: Stanford University Press, 2001.

Artus P. and F. Legros, "Pension and Savings in a Monetary Union: An Analysis of Capital Flows", *Reional Currency Areas in Financial Globalization*, 2005.

Auerbach A. J., L. J. Kotlikoff, R. P. Hagemann and G.Nicoletti, "The Economic Dynamics of an Aging Population: The Case of Four OECD Countries. UECD", *Economic Studies* 12 (Spring), 1989.

Bernanke B. S., "The Global Saving Glut and the US Current Account Deficit", *at the Sandridge Lecture, Virginia Association of Economics, Richmond, Virginia*, 10 March, 2005.

Blanchard O. J., "Debt, Deficits, and Finite Horizons", *Journal of Political Economy*, 93, 2, 1985.

Bloom D. E. and J. G. Williamson, "Demographic Transition and Economic Miracles in Emerging Asia", *World Bank Economic Review*, 12, 1998.

Bloom D. E and J. G. Williamson, "Geography, Demography and Economic Growth in Africa", *Brookings Papers on Economic Activity*, 2, 1998.

Bloom D. E. and D. Canning, "Global Demographic Change: Dimensions and

Economic Significance", *NBER Working Paper*, 10817, 2004.

Bloom D. E. and D. Canning, "The Health and Wealth of Nations", *Science*, 287, 1999.

Bloom D. E. and D. Canning, "From Demographic Lift to Economic Liftoff: The Case of Egypt", *Applied Population and Policy*, 1, Sep 1, 2003.

Bloom D. E. and D. Canning, "The Health and Poverty of Nations: From Theory to Practice", *Unpublished Manuscript*, 2001.

Bloom D. E., D. Canning and B. Graham, "Longevity and Life Cycle Savings", *NBER Working Paper*, 8808, 2002.

Bloom D. E., D. Canning and J. Sevilla, "Economic Growth and the Demographic Transition", *NBER Working Paper*, 8685, 2001.

Bloom D. E., D. Canning and P. Malaney, "Demographic Change and Economic Growth in Asia", *Population and Development Review*, 26, 2000.

Boeri T., A. Börsch–Supan and G. Tabellini, "Would You Like to Shrink the Welfare State? The Opinions of European Citizens", *Economic Policy*, 32, 2001.

Boersch–Supan A. H. and J. K. Winter, "Population Aging, Savings Behavior and Capital Markets", *NBER Working Paper*, 8561, 2001.

Boldrin M., J. J. Dolado, J. F. Jimeno and F. Peracchi, "The Future of Pensions in Europe", *Economic Policy*, 29, 1999.

Börsch–Supan A., "A Blue Print for Germany's Pension Reform", *Paper prepared for the Workshop "Reforming Old –Age Pension Systems"*, Magdeburg, 25.–26. May, 2000.

Börsch–Supan A., A. Ludwig and J. Winter, "Aging and International Capital Flows", *Paper Presented at the Conference for Aging and International Capital Flows*, Project for Intergenerational Equity at Hitotsubashi University and Asian Development Bank Institute, Tokyo, 14 March, 2002.

Börsch–Supan A., A. Ludwig and J. Winter, "Aging, Pension Reform, and Capital Flow: AMulti–Country Simulation Model", *NBER Working Paper*, 11850, 2005.

Bosworth B. and G. Chodorow–Reich, "Saving and Demographic Change: The

Global Dimension", *the Brookings Institution*, *Prepared for the 8ᵗʰ Annual Joint Conference of the Retirement Research Consortium* "*Pathways to a Secure Retirement*", 2006.

Bosworth B. P., R. C. Bryant and G. Burtless, "The impact of Aging on Financial Markets and the Economy: A Survey", *The Brookings Working Paper*, 2004.

Breyer F. and M. Straub, "Welfare Effects of Unfunded Pension Systems when Labor Supply is Endogenous", *Journal of Public Economics*, 50, 1993.

Brooks R., "What will Happen to Financial Markets when the Baby Boomers Retire?" *International Monetary Fund*, *Working Paper No. 00/18*, 2000.

Brunner J. K., "Transition from a Pay−as−you−go to a Fully Funded Pension System: The Case of Differing Individuals and Intragenerational Fairness", *Journal of Public Economics*, 60, 1996.

Buiter W. H., "Death, Birth, Productivity and Debt Neutrality", *Economic Journal*, 98, 391, 6, 1988.

Casarico A., "Pension Reform and Economic Performance under Imperfect Capital Markets", *Economic Journal*, 108, 1998.

Chakraborty S., "Endodegenous Lifetime and Economic Growth", *Journal of Economic Theory*, 1, 116, 2004.

Chow G. C., "A model of Chinese National Income Determination", *Journal of Political Economy*, 93, 4, 1985.

Coale A. J. and Hoover E. M., "Population Growth and Economic Develoment in Low −Income Countries: A Case Study of India's Prospects", Princeton: Princeton University Press, 1958.

Deardorff A. V., "Trade and Capital Mobility in a World of Diverging Populations", In: D. G. Johnson and R. D. Lee (eds.), *Population Growth and Economic Development: Issue and Evidence*, Madison, WI: University of Wisconsin Press, 1985.

Dekle R., "Financing Consumption in an Aging Japan: The Roles of Foreign Capital Inflows and Immigration", *NBER Working Paper*, 10871, 2004.

Denizer C. and H.C.Wolf, "Household Savings in Transition Economies", *NBER Working Paper*, 6457, 1998.

Diamond P. A., "National Debt in a Neoclassical Growth Model", *American Economic Review*, 5, 55, 1965.

Disney R., "Crises in Public Pension Programmes in OECD: What are the Reform Option?", *Economic Journal*, 110, 2000.

Duo Qin, "Aggregate Consumption and Income in China: An Econometric Study", *Journal of Comparative Economics*, 15, 1991.

Economic Planning Agency, *2010 Nen heno Sentaku (Japan in the Year 2010)*, Tokyo: Government Printing Office, 1991a.

Fehr H., S. Jokisch, L. Kotlikoff, "The Development World's Demographic Transition-The Roles of Capital Flows, Immigration, and Policy", *NBER Working Paper*, 10096, 2003.

Feldstein M., "Social Security, Induced Retirement and Aggregate Capital Accumulation", *Journal of Political Economy*, 5, 82, 1974.

Feldstein M., "Structural Reform of Social Security", *NBER Woring Paper*, 11098, 2005.

Feldstein M., "Would Privatizing Social Security Raise Economic Welfare?" *NBER Working Paper*, 5281, 1995.

Feldstein M. and C. Horioka., "Domestic Saving and International Capital Flows", *Economic Journal*, 90, 1980.

Feldstein M., "Social Security and Saving: The Extended Life Cycle Thoery", *American Economic Review*, 66, 2, 1976.

Feldstien M. S., "The Optimal Level of Social Security Benefits", *Quarterly Journal of Economics*, 10, 1985.

Gallup J. L. and J. D. Sachs, "Malaria, Climate, and poverty", *CAER Discussion Paper No.48*, Harvard Institute for International Development, 1999.

Gokhale J., L. J. Kotlikoff, J. Senfton and M. Weale, "Simulating the Transmission of Wealth Inequality via Bequests", *Journal of Public Economics*, 79, 2001.

Gonzalez-Eiras M. and D. Niepelt, "The Future of Social Security", *Journal of Monetary Economics*, 55, 2008.

Gruber J. and D. Wise, *Social Security and Retirement around the World*, the

Chicago University Press, 1998.

Gruber J. and D. Wise, *International Comparison of Social Security Systems*, Chicago: The University of Chicago Press, 1999.

Helliwell J. F., "Demogrphic Changes and International Factor Mobility", *NBER Woring Paper*, 10945, 2004.

Herbertsson T. T. and Z. Gylfi, "Trade Surpluses and Life –cycle Saving Behaviour", *Economics Letters*, *Elsevier*, 65, 2, 1999.

Higgins M., "Demography, National Savings, and International Capital Flows", *International Economic Review*, 39, 1998.

Homburg S., "The Efficiency of Unfunded Pension Schemes", *Journal of Institutional and Theoretical Economics*, 146, 1990.

Homburg S. and W.G. Richter, "Eine Effizienzorientierte Reform der GRV", in B. Felderer (eds.), *Bev6lkerung und Wirtschaft (Duncker und Humblot, Berlin)*, 1990.

Horioka C., "The Determinants of Japan's Savings Rate: The Impact of the Age Structure of the Population and Other Factors", *The Economic Studies Quarterly*, 42, 1991.

Hu S. C., "Social Security, the Supply of Labor, and Capital Accumulation", *American Economic Review*, 69, 1979.

Hubbard R. G. and K. L. Judd, "Social Security and Individual Welfare: Precautionary Saving, Borrowing Constraints, and the Payroll Tax", *American Economic Review*, 77, 1987.

Ihori T., et al., "Public Debt and Economic Growth an Aging Japan", University of Tokyo, *Working Paper*, 2005.

Ishikawa T. and Y. Yajima, "The Household Saving Rate Paradox –The Population is Aging, but Workers' Households are Saving More", *NLI Research Institute* No.153, 2001.

Ishikawa T., "Population Decrease, Aging, and Japan's Long–term Economic Outlook to 2050", *NLI Research Institute*, 2002.

Kalemi–Ozean S. and D. N. Weil, "Mortality Change, the Uncertainty Effect, and Retirement", *Working Paper*, 2005.

Kelley A. C., "The Consequences of Rapid Population Growth on Human

Resource Development: The Case of Education", *The Impact of Population Growth on Well -being in Developing Countries*, Berlin: Springer-Verlag, 1996.

Kelley A. C. and R. M. Schmidt, "Saving, Dependency, and Development", *Journal of Population Economics*, 9, 1996.

Kotlikoff L. J., "Social Security and Equilibrium Capital Intensity", *Quterly Journal of Economics*, 1, 93, 1979.

Kurz M., "Optimal Economic Growth and Wealth Effects", *International Economic Review*, 9, 3, 1968.

Laibson D. I., "Life-Cycle Consumption and Hyperbolic Discount Functions", *European Economic Review*, 42, 1998.

Lau M.I. and P. Poutvaara, "Social Security Incentives and Human Capital Investment", *Working Paper*, 2006.

Lee R. and A. Mason, "Population Aging, Wealth, and Economic Growth: Demographic Dividends and Public Policy", *WESS Background Paper*, 2007.

Leff N. H., "Dependency Rates and Savings Rates", *American Economic Review*, 59, 5, 1969.

Lührmann M., "The Role of Demographic Change in Explaining International Capital Flows", Mimeo, University of Mannheim, 2001.

Masaru Y. and N. Yashiro, "Long-term Economic Issues in Japan and Asia Pacific Region", In *The Long-term Prospects for the World Economy*, Paris: Organisation for Economic Cooperation and Development, 1992.

Mason A., "Population and Economic Growth in East Asia", *Population Change and Economic Development in East Asia: Challenges Met, Opportunities Seized*, Stanford, CA: Stanford University Press, 2001.

Mason A. and R. Lee, "Reform and Support Systems for the Elderly in Developing Countries: Capturing the Second Demographic Dividend", GENUS LXII (2): 11-35, *http: // www.ceda.berkeley.edu/papers/rlee/*, 2006.

Mason A., "Saving, Economic Growth, and Demographic Change", *Population and Development Review*, 14, 1, 1988.

Masson P. R., and R. W. Tryon, "Macroeconomic Effects of Projected Population Aging in Industrial Countries", *International Monetary Fund Staff Papers*, 3, 37, 1990.

Miles D. and A. Timmermann, "Risk Sharing and Transition Costs in the Reform of Pension Systems in Europe", *Economic Policy*, 29, 1999.

Mulligan C. B., "Induced Retirement, Social Security, and the Pyramid Mirage", *NBER Working*, 7679, 2000.

Noguchi Y., "The Future of Public Pensions and the External Performance of the Japanese Economy", *Financial Review* (Institute of Fiscal and Monetary Policy, Ministry of Finance), 5, 1990.

Ogawa N., A. Mason, A. Chawla and R. Matsukura, "Japan's Unprecedent Aging and Changing Intergenerational Transfers", *To be Presented at the NBER –TCER –KDI Conference on "The Demographic Transition in the Pacific Rim", Held during June 19–21, 2008, in Seoul, Republic of Korea*.

Organization of Economic Cooperation and Development, "Ageing Populations: The Social Policy Implications, Paris", OECD, 1988.

Pemberton J., "National and International Privationazation of Pensions", *European Economic Review*, 44, 2000.

Pemberton J., "Social Security: National Policies with International Implications", *Economic Journal*, 109, 1999.

Poterba J. M., "Population Age Structure and Assets Returns: An Empirical Investigation", *Mimeo, Massachusetts Institute of Technology*, 1998.

Razin A. and Sadka E., "Migration and Pension", *NBER Working Paper*, 6778, 1998.

Razin A., Sadka E. and Swagel P., "The Aging Population and the Size of the Welfare State", *NBER Working Paper*, 8405, 2001.

Reisen H., "Pensions, Savings and Capital Flows: From Aging to Emerging Markets", Edward Elgar, 2000.

Schnabel R., "The Declining Participation in the German PAYG Pension System", *Discussion Paper No. 99 –42*, Sonderforschungsbereich 504, Universität Mannheim, 1999a.

Schultz T. P., "Demographic Determinants of Savings: Estimating and Interpreting the Aggregate Association in Asia", *Center Discussion Paper No.901*, Economic Growth Center, Yale University, 2004.

Shimasawa M., "Population Aging, Policy Reforms and Endogenous Growth in Japan: A Computable Overlapping Generations Approach", *ESRI Discussion Paper Series*, 2004.

Tan, Jee-Peng and A. Mingat, "Education in Asia: A Comparative Study of Cost and Financing", *Washington, DC: World Bank*, 1992.

Taylor A. M. and J. G. Williamson, "Capital Flows to the New World as an Intergenerational Transfer", *Journal of Political Economy*, 102, 1994.

Wakabayashi M. and L. Mackellar, "Demographic Trends and Household Saving in China", *Interim Report IR-99-057*, 1999.

Williamson J. G., "Demographic Shocks and Global factor Flows", In J.N. Little and R.K. Triest (eds.), *Seismic Shifts: The Economic Impact of Demographic Change*, 2001.

Yashiro N. and A. S. Oishi, "Population Aging and the Savings-Investment Banlance in Japan", Chapter in NBER book *The Economic Effects of Aging in the Untied States and Japan*, Michael D. Hurd and Naohiro Yashiro, editors, Published in January, 1996.

Yingyi Qian, "Urban and Rural Household Saving in China", *International Monetary Fund Staff Papers*, 4, 35, 1988.

索 引

后　记

　　岁月易逝，年华易老。不知何时，出版博士论文也成为自己人生清单中的一项，而今行将付梓，终于可以打上一个"对号"了，很欣慰，又实现了一个愿望。

　　十年间，无论求学，还是工作，我都把一本书——《一个学者的思想轨迹》带在身边。这本书是导师余永定 30 余年的研究集萃，我对老师的了解、敬佩、崇敬也是从这本书开始，已然忘记翻阅了多少次。从文集中能感受到余老师对待学术的痴迷、执着与热忱，规范的研究方法、严密的逻辑推理、经得起考验的立场观点以及前瞻性的研究眼光让我感佩至极。对我而言，这本书有一种不竭的支撑力量。之所以带在身边，除了查阅资料之外，更多的是每当自己思想茫然、精神懈怠的时候，随手翻开，仿佛总能从字里行间听到教诲，得到鼓励，浮躁的内心、起伏的心绪能快速平复，变得积极起来。

　　师从余老师三年，受益自然良多，也留下了很多珍贵的记忆。记得和余老师第一次见面，他推荐我读波普、库恩、拉卡托斯等科学哲学家的书籍，我一脸茫然，这几位听都没听过，着实让当时信心满满的我黯然神伤，意识到自己离真正走上学术研究的道路还很遥远。每次和余老师交流都很幸福，但每次都是在他紧凑的日程安排之间。尽管大多数时间他已略显疲惫，尽管我的问题可能很幼稚，但是余老师都是认真地给予答复。印象最深的一次是余老师就假设—演绎研究方法运用的背景、步骤以及需要注意的问题，耐心地给我进行讲解。虽然只有短短的 20 分钟，但是对我学术研究的影响尤为深远。西方经济学理论中，余老师对消费函数研究颇感兴趣，几位师兄的研究都有所涉及，并有上佳之作。博士论文的核心章节都凝聚着余老师的思想，纳入人口结构的消费函数就是在他的悉心指导下完成的，虽未及余老师的要求，但对个人而言，历练的过程很有意义和价值。

在余老师眼里，理论可以不断通过"试错"进行改进，对于年轻人成长要给予更多的耐心。他对身边的研究人员、学生都很包容，允许年轻人犯错，并且能让年轻人认识到自己犯了错并自我纠偏。得益于老师的言传身教，对于学术，自己懂得了简单的"拿来主义"、"卖弄"数学都是要不得的；对于家庭，懂得了投入、付出、奉献是必不可少的；对于人生，懂得了目标要敢于用五年、十年甚至更长的时间去规划。

余老师对恩格斯的一句话颇为推崇："对职位、牟利，对上司的恩典，没有任何考虑。"鼓励年轻人静心做研究。曾经有人评价他是素心、有魅力的学者，不计功利荣辱，以做学问为职业。在他的感召和引领下，中国社会科学院世界经济与政治研究所打造出一支优秀的研究团队。博士阶段的学习得益于团队成员的指导。学识广博、极具智慧的何帆老师给予我很多帮助和建议；向姚枝仲师兄讨教的过程中，让我感受到学术竟然如此美妙；张斌师兄学术眼光犀利，他的建议让我少走了很多弯路；张明师兄热情、真诚，给予的关心和帮助常常让我感动不已。

感谢我的硕士导师孔祥毅教授，他是我的学术启蒙老师。孔老师治学严谨、待人宽厚，因材施教，他对我的耐心指导激发了我对学术的兴趣。特别是在我遇到困难和挫折、在面临人生中的重大选择时，他鼓励我"坚持，沉住气"。老先生坚定的眼神、温暖的鼓励、语重心长的嘱托和全心的帮助令我终生难忘。

感谢中国光大银行专职董事武剑博士，他的勤奋、专注、博学与睿智无时无刻不影响着我，他的点拨、鼓励、帮助以及榜样的力量为我增添了信心和勇气，使我能够实现人生中的一大跨越。

笔至此处，感慨不已，一本博士论文的面世竟然承载着这么多良师益友、领导同事的帮助和支持。虽未能一一列出，但这份真情我会永远铭记在心。

感谢经济管理出版社《中国社会科学博士后文库》能将此论文收纳，感谢宋娜副主任和编辑老师的全心付出。虽已在实际部门工作多年，但修改书稿的过程中，再次享受到学术带来的快乐，重新点燃了研究热情，我会一直保持下去。

　　书中仍有很多不足，还有很多自己不满意的地方。但作为人生第一本专著，还是想把它送给我的父母亲，他们把我从一名基层支行的银行职员培养成一名经济学博士，为我付出了太多太多；送给我的妻子，作为我们携手十年的见证；送给我的孩子，感谢他带给我的幸福与满足。

巩勋洲

2015 年 8 月 10 日